一行禪師
Thich Nhat Hanh —— 著

周和君 —— 譯

觀照的奇蹟

The Sun My Heart —
From Mindfulness to Insight Contemplation

【目錄】

033　第一章　從靜坐中覺醒

在梵文裡，buddh 這個動詞即代表「醒過來」，而一個覺者就稱

為佛陀（Buddha）。佛陀就是一個「永遠」處於覺醒狀態的人。

我們有時能夠保有這份覺知，所以，我們「偶爾」是佛陀。

073　第二章　你得自己去看見

我希望你不要將我的話語化為概念，一些放置在內心貯藏的新概

念。我不想給你們任何東西，我只想為你跳舞，像隻蜜蜂。若是

你看見了什麼，你必須了解，這是你自己看見它；它就在你心

中，而不是在我的舞蹈裡。

105　第三章　穿越時空的迷思

《華嚴經》說，時間和空間彼此含納，依賴對方而存在，無法透

過知識來加以分割。兩千年後，物理學家愛因斯坦所提出的相對

論，更證實了時間和空間不可分割的關係。

假設桌上有一顆橘子，有人問你：「它嘗起來滋味如何？」你

與其告訴他答案，還不如剝下一瓣橘子，請他親自嘗嘗看。這

樣你才能夠讓他或她不必透過任何語言或概念的描述，直接進

入橘子的「真如」本性。

我們的力量並非在於武器、金錢或武力，而在於內在的平靜。

這份平靜使我們堅不可摧。在關心那些我們所愛和想要保護的

人時，我們必須擁有平靜的心靈。

〔推薦序〕

讓覺知的陽光遍照

陳琴富

我們每天總是過得如此忙碌，從早到晚沒有一刻停息，直到夜深了躺在床上，才舒緩一口氣；我們一生也是忙得如此無厘頭，從年少忙到年老，直到躺下了，才驚覺這一生過得如此匆忙而不值。

這樣的日子，感覺上是活著，實際上卻是作夢，為什麼呢？想想昨夜的夢和昨日的工作，夢好像是假，但夢境中被壞人追殺得滿頭大汗，嚇醒後心臟仍噗噗地急跳個不停，這是假的嗎？昨天的日子雖然過得很充實，和朋友喝了一盞下午茶，如今想來卻是如夢如幻了不可得，這是真的嗎？

莊周夢蝶，不知蝶是莊周抑莊周是蝶。夢和現實要怎麼分辨呢？如果沒有帶著覺性過日子，生活就是白日夢，如果帶著覺性作夢，夢也是真。你是一個清醒的人還是夢中人，其差別就在於日常生活中是否時時保有覺性。

禪修的要領就是培養念念分明，在每一個當下提起覺性。唐朝大珠慧海和尚在當學僧時，經常自言自語：「主人公，你

在嗎？在，在！」不知者以為他瘋癲，知者了解那是一種深刻的禪修功夫，用意在喚醒自己的覺性，片刻都不離開當下。

誠如一行禪師所說，思緒、情感如水流，靜坐時想要沒有妄念，就像是抽刀斷水一般徒然，我們既然無法阻止念頭奔流，比較好的方法是隨順它。其要領就是保持覺知，覺察內心生起的念頭和情緒，看著它生住壞滅，不起憎愛、不起執著。

禪宗五祖付法的著名公案，神秀做了一偈：「身似菩提樹，心如明鏡台；時時勤拂拭，莫使惹塵埃。」五祖弘忍的評語是：只要照這個境界老實修行，可以不墮入三惡道。惠能做的一偈則是：「菩提本無樹，明鏡亦非台，本來無一物，何處惹塵埃。」

在神秀的漸修法門中，總是要慢慢地把貪瞋等習氣拂拭，擦得雪亮之後，還原清淨本性。在惠能的頓修法門中，自性本自清淨，毋須拂拭，如陽光普照一般，烏雲自烏雲，它蒙不上陽光。覺性就是自性的陽光，只要讓覺性遍照，我們就是覺者、就是佛。

一行禪師曾於一九九五年來台弘法，他教導大眾觀呼吸、四念處，如何將呼吸和念處結合，在每個當下清楚明白。用了這個方法之後，覺性慢慢增長，自然能領會禪修法要，再進一層則能體解祖師西來意旨。

在《觀照的奇蹟》一書中，一行禪師引用當代物理學的理

論和《華嚴經》相即相依的道理，闡釋無我義和慈悲義。經過長期禪修的行者，覺性逐漸增強之後，自然能體會佛陀所揭示的空性義理，了解「人無我」和「法無我」的精義，對於諸法不起執著，而能自在過生活。

當前台灣社會對立氣氛嚴重，我們經常會不自覺地被捲入紛爭的情緒中，感到憤怒、沮喪。一行禪師很透徹地分析，只有透過禪修，我們才能了解紛爭的雙方都是因為我執，也並看到自我的憤怒情緒也是源於我執，只有以超越的慈悲心才能化解怒氣，才能清楚看到敵人對你的修行所帶來的利益，並進而協助對方，使這個社會更臻和諧。

要學會照顧自己的憤怒情緒，就必須禪修，透過深觀憤怒的情緒，了解貪瞋無明習氣的本質和根源。在克服了自我的習氣後，我們也會了知世間所有生命互相依存的本質，就好像粒子一樣，沒有一法具有獨立的自性，對於一切有情無情眾生自然生起大悲心。

印度聖哲寂天菩薩說過，我們總是期盼這個社會美好，每個人都快樂過活，就像是在地球上舖上一層羊皮一般，讓眾生都能自在地行走於上。但是我們一時之間找不到那麼多的羊，也沒有能力一塊一塊地把地球舖滿羊皮，唯一能做的，就是為自己做一雙羊皮鞋，穿在自己的腳上。

在當前台灣社會宗教亂象叢生的時刻，一行禪師也警示我

們，要找到一位開悟的老師並非易事，這種人極爲罕見，大多數人只能碰到一知半解的人，如果你無法跟隨證悟的老師學習，最好的辦法就是仰賴你內心的那位老師。就讓覺知的陽光遍照，只有當我們的覺性圓滿，我們才有能力去照顧別人。時時帶著覺性念念分明地過簡樸生活，你便擁有一切，你就是一切！

（作者現任「水月蘭若」禪修中心主持人及講師）

〔推薦序〕

人間步步安樂行

單德興

　　研究室的鐵櫃上，用磁鐵吸貼著一行禪師的箴言，旁邊則是德蕾莎修女廣為流傳的「不管怎樣，總是要……」的信條。① 一行禪師的兩段箴言印在米黃色的厚紙上，是奉行他教法的華裔美國女作家湯亭亭（Maxine Hong Kingston）在得知我也是佛教徒之後，於一九九六年三月來信中附贈的。箴言的標題是「Mindfulness Must Be Engaged」（「正念必須入世」），大意如下：越戰期間，許多村落遭到轟炸，一行禪師和同夥認真尋思是該繼續待在寺院裡修行，還是離開禪堂去幫助在炮火下飽受苦難的芸芸眾生，在深思熟慮後，他們決定兩者兼顧——以正念分明的方式來濟世助人，是為「入世佛教」（Engaged Buddhism）。除了盡己之力救濟眾生之外，他們更堅持定期共修，深知若非以堅實的修行為基礎，無法產生足夠的定力、慈悲與智慧來自我提升，進而面對、濟度在戰火下煎熬的眾生。雖然其間頻遭障礙、挫折，甚至有人因而犧牲生命，但一行禪

師和同夥依然不改其志，他們的見識和行履可謂兼具南傳佛教的四念處與北傳佛教的菩薩心行之長。對於在戰地火海中掙扎求生的人，「三界火宅」之說不是譬喻，而是日常生活的真實寫照。《八大人覺經》所說的「世間無常，國土危脆」，在飽受戰火摧殘蹂躪、朝不保夕的人心中，更有著深切的感受與體認。一行禪師也因為提倡正念，積極入世，濟度眾生，在火海中遍植紅蓮，而贏得世人景仰。

　　初次看到一行禪師的作品，是在一九八○年代末期美國南加州的書店裡，第一印象是作者名字的拼法好奇怪（Thich Nhat Hanh，即「釋一行」），不知如何唸起。原先只是信手翻閱，隨即就被深深吸引，不只因為作者的傳奇生平、卓絕志業，以及他與美國黑人民權領袖金恩（Martin Luther King, Jr.）的關係，也因為作品本身的特色：文字清新曉暢，蘊含詩意；以平易近人、就近取譬、深入淺出的方式，引介佛法，尤其是南傳佛教的法門以及華嚴要義；以開闊的胸襟，面對西方人和不同宗教、靈修傳統的信徒；以入世的精神，堅持和平的理念，致力於實踐。正如本書開宗明義指出，「自從開天闢地以來，禪修者就明白，他們必須親身體會，並使用自己那個時代的語言，來表達他們的悟見。……修行者了解該如何在修道的迷霧森林中披荊斬棘，闢出一條不斷前往的道路，更肩負必須讓這智慧的火把永遠燦爛閃耀的使命。」初識法師著作十餘年

來，筆者趁出國之便觀察英美兩國的書店，發現西方人對佛教的興趣甚爲濃厚，在所擺出的佛教書籍中，法師的著作數量僅次於達賴喇嘛，由此可見他在英文讀者心目中的地位，而作家湯亭亭正是法師在歐美世界的許多知名信衆之一。

一行禪師一九二六年出生於越南中部的廣治省，俗姓阮，十六歲於歸原寺出家，一九四九年受具足戒，爲越南臨濟法脈第四十二代傳人。早歲即視野宏大，見解不凡，當學僧時曾要求在傳統佛教訓練之外增設外國語言、文學、哲學等課程，未果。一九六二年前往美國普林斯頓大學鑽研比較宗教，次年赴哥倫比亞大學講授比較宗教，惟當時越戰方殷，法師不忍國人受苦，毅然返鄉從事和平運動。一九六四年，與一群越南的大學師生創設「青年社會服務學校」（the School of Youth for Social Services），這個被美國報界譽爲「小和平軍」（the little Peace Corps）的草根組織，號召了上萬名和平志工，到鄉間去成立學校、健診中心，重建遭到轟炸的村落……他成立錦囊出版社（La Boie Press），出版有關和平的著作，創辦萬行佛教大學（Van Hanh Buddhist University），效法菩薩以六度萬行濟世，呼籲交戰雙方和解，雖然不爲敵對雙方所諒解，但對越南年輕僧人和一般大衆卻發揮了重大的啓發作用。一九六六年，從事和平運動的一行禪師走訪「很多戰爭根源」所來之處的美

國，以期正本清源、釜底抽薪，卻因爲其和平呼籲不容於當權者，而遭到南越政權放逐。② 一九六七年，美國黑人民權領袖金恩提名他爲諾貝爾和平獎候選人，聲稱「我不知道還有誰比這位來自越南的溫和僧侶更有資格獲得諾貝爾和平獎」。③ 後來金恩公開反對越戰，法師發揮了決定性的影響（詳見下文）。一九六九年，法師率領越南僧侶和平代表團（Vietnamese Buddhist Peace Delegation）參與巴黎和談，並在法國創辦統一佛教會（Unified Buddhist Church），直到一九七三年巴黎和談協定簽署。越南赤化後，共黨政權依然不許他回國，於是法師旅居法國，長期從事難民救援，並於法國、美國與德國成立多所正念禪修中心及寺院。一九八二年，法師在法國南部建立梅村禪修中心（Village Des Pruniers〔Plum Village〕），後來也在美國維蒙特州和加州設立道場，廣納僧俗四眾，主持禪修（包括特別針對美國越戰退伍軍人、心理治療師、環保運動者、工商界人士、藝術家、青少年舉行的禪七），並赴世界各地弘法，由於教法平易、切實可用，吸引不同文化、宗教、社會背景的人士，所到之處普受歡迎。

法師通曉越、英、法及中文，除了佛學論述之外，並著有詩集、小說、戲劇、傳記等，迄今已有上百本著作風行於世，中譯本也有《步步安樂行》（1995〔原名 *Peace Is Every Step*, 1991〕）、《月竹》（1995〔原名 *The Moon Bamboo*, 1989〕）、

《當下自在》（1995〔原名 *Being Peace*, 1987〕）、《生生基督世世佛》（1997〔原名 *Living Buddha, Living Christ*, 1995〕）、《愛就要行動》（1999〔原名 *Love in Action*, 1993〕）、《愛的箴言》（1999〔原名 *Teachings on Love*, 1995〕）、《與生命相約》（2002〔譯自 *Cultivating the Mind of Love, The Heart of Understanding, Our Appointment with Life*, 1999〕）、《你可以不怕死》（2003〔原名 *No Death, No Fear*, 2002〕）、《你可以不生氣》（2003〔原名 *Anger: Wisdom for Cooling the Flames*, 1999〕）等流通於中文世界。在為《與生命相約》所撰寫的序文中，法師提到自己十六歲出家當沙彌時，「使用的第一個佛教功課本是用文言文寫成的。在學習佛法的頭十年間，我使用文言文佛教經本，並參考當代法師用現代中文寫成的對這些經文的注解」，因此很樂於見到自己的著作譯成中文出版，「對我來說，這是一次向中國歷代祖師報恩的機會。」一九九五年春，法師來台弘法，在中壢寶蓮寺主持禪七，並前往農禪寺拜會聖嚴法師，兩位聞名國際的禪師相互頂禮、對拜，謙沖為懷的風範令人感佩。嗣後兩人並以「禪與環保」為題對談，一致認為淨化人心為解決一切問題的根本之道。

　　一行禪師之所以享譽國際，普受敬重，主要是他身體力行入世佛教，並且開示平易近人的修行方法。一九六四年出版的《入世佛教》（*Engaged Buddhism*）一書，提出如何將佛教的理

想應用於改善在刀兵之災及不公不義情況下的生活，經過多年提倡，當今的西方人士一提到「入世佛教」就聯想到他，甚至有「入世佛教之父」（the Father of Engaged Buddhism）的稱號。④ 杭特—裴理和范恩（Patricia Hunt-Perry and Lyn Fine）在有關一行禪師與入世佛教的專文中指出，其實「入世佛教」理念源遠流長，早見於十九世紀末越南和尚反抗法國殖民統治，而一九三〇年代中國太虛大師提倡的人間佛教也促成了越南佛教的中興運動，主張將佛法落實於日常生活中。一行禪師也自稱「做沙彌的時候，我就已經受到人間佛教之理念的激發」，而產生強大的信念：「假如我們能夠把佛教落實到現實生活當中去，那我們將能夠引導我們的社會朝向正義、自由和慈悲的方向轉變。」因此，法師順應時代需求，特意拈出「入世佛教」一詞，提出「能夠與現代科學、民主主義、人道主義、生態學以及社會正義之理念相併而行」的現代教法，循循善誘、身體力行，而今入世佛教風行歐美，實為法師提倡之功。至於他的修行法門主要來自原始佛教的四念處（尤其著重觀呼吸（即所謂的「安般守意」），將正念帶入日常生活的行住坐臥中，結合傳統的修行方法與忙碌的現代生活，教導人們如何在洗臉、刷牙、開車、坐車、接電話、等紅綠燈……時時提起正念，特別強調經行、微笑，主張只要能隨時注意呼吸、緩步、微笑，平和安詳自在其中，當下即是淨土。

　　本書《觀照的奇蹟》英文版原名《太陽即吾心：從正念到明見禪修》（*The Sun My Heart：From Mindfulness to Insight Contemplation*），出版於一九八八年，再度以清新、詩意的文字，平易近人的口吻，深入淺出地方便開示。大體說來，法師以華嚴要義破除心／物、內／外、自／他、迷／悟、大／小、一／多、時／空、生／死……的二元對立，剴切說明萬物相攝、相即相入（interbeing）、互融無礙，一即一切、一切即一、無盡緣起的道理，並佐以唯識宗有關覺醒、三摩地、般若、失念（forgetfulness）、散亂、不正知等的說法，闡釋心物不二、知曉（knowing）與意識之間的關係。在解說上述佛法時，法師為了方便度眾，特意援引西方哲學及科學的理論，相互參照、發明，如以萊布尼茲（Gottfried Wilhelm Leibniz）的學說來破解笛卡兒（Rene du Perron Descartes）的心物二元論，以愛因斯坦（Albert Einstein）的相對論來闡釋時間與空間並非獨立存在，以邱爾的靴帶理論（Geoffrey Chew, Bootstrap Philosophy）來說明宇宙萬物相依相存，以薛丁格的波動力學（Erwin Schrodinger, Wave Mechanics）來印證唯有當下，以量子理論（Quantum Theory）來打破日常生活中物質與空間、前後等概念，以超弦理論（Superstring Theory）來包羅宇宙萬象等等。然而除了喻事說理之外，本書也有不少抒情的段落，末章一節特別提到，「當我寫下這些句子時，我是在寫一封情

書。希望我所認識與不認識的弟兄姊妹們，都能夠讀到這些話語，不論你們處於何等無助的悲慘環境，都可因此恢復力量和勇氣。」凡此種種，顯示了法師善巧運用西方語彙及科學發現，以闡揚佛法、開導世人。

　　對法師來說，佛法絕非抽象、虛玄的理論，而是以清新、創意、有情的方式看待一切。如法師以緣起來說明萬物之間的關係，揭示彼此之間不一不異、不生不滅、不增不減的道理，果真能夠諦觀，便能在一張紙中徹見綠樹、溪流、陽光、白雲、藍天、碧海……泯滅物我之分、自他之別，進而破除生死之見。另外，在積極救濟南越政權傾覆後漂流海上的船民（boat people）之同時，法師也能以緣起的方式來深觀世人眼中十惡不赦的海盜：「如果我們出生、成長於海盜的環境，很可能也會淪為海盜。」至於戰爭的根源則來自「我們尚未在自己和他人心中播下足夠的和平、了解的種子，因此我們對戰爭也有責任。」他在〈請以真名呼喚我〉（*Please Call Me by My True Names*）一詩中，表達了這種「自他不二」的悟見。本書末章對此也有情真意切的開示：「請不斷地禪觀下去，直到你在最殘酷不仁的政治領袖身上、在受到最恐怖刑求的犯人身上、在最富有的人身上、在飢餓瘦弱得不成人形的孩童身上看見自己，直到你在公車上、在地鐵裡、在集中營裡、在田裡勞動的人群身上發現自己的存在，直到你在一片樹葉、一隻毛

蟲、一滴露珠和一道陽光中領悟自身的存在。請不斷地禪觀，
直到你能在一粒微塵和最遙遠遼闊的銀河中看見自己。」心量
廣闊，殷殷期許，讀來令人動容。此外，法師並根據當前情境
撰寫十四戒條，賦予佛法現代解釋，方便世人在生活中奉行。
總之，法師以緣起、不二、無常、無我觀照一切，時時開導有
情眾生，處處播撒和平與希望的種子。

　　一九九九年九月十日，法師的《憤怒：冷卻怒火的智慧》
（*Anger：Wisdom for Cooling the Flames*〔中譯本名爲《你可以
不生氣》〕）才在美國問世，次日就爆發了舉世震驚的九一一事
件，怒火立即席捲全美，人心嗔恨、憤怒兼且忐忑不安，全球
情緒也隨之波動。面對此情此景，法師在紐約接受二十六家電
視台訪問（觀眾多達五千萬人）及公開演講時，依然堅持和平
的主張，認爲恐怖分子之所以做出這種慘絕人寰的激烈行爲，
一定是心中充滿了極爲強烈的仇恨。法師呼籲大眾不要讓怒火
沖昏了頭，反而更需冷靜自持（禪修者藉由觀呼吸等方法自我
冷卻，保持正念分明），深入了解情況，聆聽對手的心聲，坦
誠詢問敵人：「請告訴我們，我們究竟做了些什麼，而令你們
如此痛恨？」並在《紐約時報》刊登全版廣告，籲請不要以牙
還牙、以暴易暴。⑤法師認爲，以仇恨之心進行報復只會落入
暴力相向的惡性循環，使情況更加惡化，而根本的解決之道在
於慈悲與諒解。這在當時沸沸揚揚的美國有如空谷跫音，益發

彰顯法師面臨巨變時的大智、大仁、大勇。

這種來自佛法的智慧、慈悲與勇氣其實早見於他早年的行徑。除了在烽火連天、危機四伏的越南從事社會工作之外，法師對於美國人權運動的影響也有跡可循。前文提及，一九六四年諾貝爾和平獎得主金恩雖為基督教牧師，卻大力推薦法師為該獎候選人，足證他對法師的衷心推崇。當時於美國從事和平運動的勞特（Paul Lauter）⑥，在二〇〇三年十一月十日寫給筆者的電子郵件中細述了當時的情境，見證了兩位東西方宗教人士締交的「公案」。由於這段祕辛罕為人知，故不嫌辭費，略述於下。根據勞特的說法，他當時在芝加哥擔任美國友人服務委員會的和平教育祕書（the Peace Education Secretary for the American Friends Service Committee〔簡稱 AFSC〕），這個和平組織雖然反對美國在西貢扶植的腐敗政權，但也不支持北越，因此努力尋求能夠促成避免暴力對抗的「第三勢力」（Third Force），而一行禪師深植於佛教的和平傳統，投入社會濟助，具有相當的公信力，其見解既不同於南越或北越的當權者，也有異於主戰或反戰的美國人士，正是適當人選。根據勞特的描述，法師「既有宗教情操，又有民族意識，致力於改革與和平」。於是，AFSC 積極安排法師與美國群眾見面，宣揚和平理念，而當時金恩正在芝加哥推展公平住屋（fair housing）的運動，所以勞特介紹兩人認識，深入交換心得。原本顧慮因為對

越戰公開表態而影響黑人民權運動發展的金恩，由於敬佩法師的宗教獻身與和平努力，遂起而公開反戰。在投入和平運動的美國人眼中，法師不但支持他們「給和平一個機會」（give peace a chance）的訴求，也是真正關懷社會正義。這些人當中有些後來在佛教找到安身立命之處，法師也因其入世佛教而名揚歐美，持續發揮廣大的影響力。

二○○三年十一月初，筆者在漢城的仁川國際機場發現法師的年度新書，名為《創造真正的和平：終結自己、家庭、社會與世界的暴力》（*Creating True Peace: Ending Violence in Yourself, Your Family, Your Community, and the World*），書中以在越南時的真實動人故事，明指入世佛教是「苦難和戰爭的產物──在火海中綻放的蓮花」。法師以一貫清暢的文字、具體可行的方法，再三闡揚和平安詳的真諦，教導世人如何由內而外、由小而大，先回歸當下自心，化解個人的內在衝突，進而消弭人際間的矛盾和國際間的緊張與侵略。結尾時提出新的全球倫理（A New Global Ethic），並引用聯合國教科文組織二○○○年有關建設和平與非暴力文化之宣言（UNESCO Manifesto 2000, For a Culture of Peace and Non-violence），揭櫫尊重生命、反抗暴力、與人分享、傾聽善解、保護地球、重建休戚與共的關係等六大信條。⑦ 全書綜合了法師數十年修學佛法、

堅持和平的心得，針對當今世界的迫切需求提供平實、有效的指南，再度展現了法師廣度眾生、因病與藥的慈悲與智慧。

本文開頭所提到的箴言來自《步步安樂行》，印證了法師數十年來始終如一的堅持與教誨：「我們必須覺知世界的真正問題，然後正念會使我們知道何者當為、何者不當為，才能俾益世人。只要我們維持覺知呼吸，繼續練習微笑，即使在困難的情境下，許多的人、動物、植物都會從我們的所作所為而受益。你的腳每次碰觸地面時，是不是在按摩大地之母？你是不是在種植喜悅與和平的種子？我的每一步正是嘗試這麼做，而且我知道我們的大地之母是會激賞的。步步安樂。」而這位禪師、作家、學者、和平分子、精神領袖，從東方到西方，從烽火四起的戰地到表面承平、內部卻翻騰不已的社會，一路行來，始終以堅定不移的佛法信願，面帶微笑，以沈靜、悠遠的呼吸，輕盈、穩定的步伐，一步一腳印，將在充滿苦難與傷慟的五濁惡世的行腳，化為人間步步安樂行。

※ 本文承蒙勞特與湯亭亭提供相關資料，善詳法師提供若干專有名詞中譯，呂潔樺小姐協助蒐集資料，陳雪美小姐潤飾，謹此致謝。

二〇〇三年十一月三十日　於台北南港

（本文作者為中央研究院歐美研究所特聘研究員兼所長）

注釋

① 這八則信條錄自加爾各答兒童之家希舒・巴滿牆上的標示（中譯可參閱《一條簡單的道路》，台北：立緒，1996，頁 166-67）。

② 根據奎恩（Christopher S. Queen）的說法，一行禪師在一九六〇年代前往十九國遊說，希望能終止越戰（"Engaged Buddhism," Westward Dharma, p. 326）。

③ 金恩於一九六七年一月二十五日致函諾貝爾獎提名委員會，提名一行禪師為該年和平獎候選人，全函請參閱 www.plumvillage.org。

④ 如湯姆斯（Michael Toms）在訪談中便提出這種說法，見《佛教在西方：二十一世紀的精神智慧》（Buddhism in the West：Spiritual Wisdom for the 21st Century，Carlsbad，CA：Hay House，1998，p. 29）。

⑤ 相關報導見徐圓，〈一行禪師訪問記〉，〈http：//www.buddhistcompassion.org/yathongm-aster.htm〉，2003/11/9。

⑥ 勞特後來主編影響深遠的《希斯美國文學選集》（The Heath Anthology of American Litera-ture），此書自一九九〇年出版以來，廣受歡迎，至今已修訂四版問世，大幅改變了人們對於美國文學與文化的看法。

⑦ 此宣言為一行禪師的弟子所推動並獲得聯合國認可，不單單以二〇〇〇年做為和平與非暴力文化之年，並且把二十一世紀最初的十年（二〇〇一至二〇一〇年）定為「建設和平與非暴力文化的國際十年」（the International Decade for the Culture of Peace and Non-violence）。

〔導讀〕

凝視・穿透・泅入無限

自鼐法師

　　《觀照的奇蹟》這本書是一行禪師繼《正念的奇蹟》後，對正念的修行理論和方法次第做更完整的推演，禪師一秉他慣有的風格，就像在朋友面前分享，將其自身的禪觀歷程娓娓道來，平易抒情的文字背後，卻有著禪師深厚的佛教禪修基礎和對佛教義理深刻的體會。

　　首先，禪師引導我們如何去修習正念，也就是面對我們自己內在各種不同的想法、情感和感受。如何讓這些紛亂的聲音和諧共處，而不是在內心製造一個戰場呢？如何才能不把這些想法、情感和感受當做控制的俘虜或驅逐的對象呢？

　　禪師在此用了極為巧妙的譬喻：「知覺的河」比喻我們的意識流（念頭的歷程），「知覺的光」比喻「正念」；用這兩個譬喻讓我們了解「知覺的光（正念）」和「知覺的河（念頭）」的關係。河（念頭）之所以被看到，是因為有光（正念）。所有的東西可以被看到，都是因為有光（正念）。生命也是如

此，如果沒有專注（正念），我們就會常常活在視而不見、聽而不聞的狀態。

如果我們有注意、有覺知（正念），就會清楚自身的想法、情感和感受。禪師提醒我們關鍵處就在於你跟這些經驗的關係是「不迎不拒」：不強化某一感受，也勿抗拒某一感受，就讓「知覺的光」（正念）無所取捨地知覺所有我們知覺的事。也許在很多微細、不起眼的介面上，透過「知覺的光」，我們就可能穿透粗重的表層經驗，而看到無限可能性的多重面向。

禪師所提出的，正是許多禪修傳統使用的方法。憂愁時，不是去排除憂愁，而是清清楚楚「正念」和「正念的對象」的關係，如此就能以心觀心，而不會被覺知的對象所俘虜。不用正念去壓抑所緣，才不會產生反抗或被生起的念頭所掌控。

但是，如何持續正念，如何將正念運用在生活的每一個片刻呢？

禪師延續《正念的奇蹟》一書的重點，舉了「洗碗」的例子，繼續推演如何「保持覺知」。對禪師而言，洗碗時，神聖和世俗是可以同時並存、相融不悖的。洗碗時覺知手碰觸碗和水的歷程，是充滿神聖和新奇的經驗，但是關鍵點還是在於持續和專注於當下地洗。這是正念的原則，某個程度上來看，是禪師在幫我們複習什麼是正念。

　　在這個基礎上，如何持續保持正念和在生活上妥善運用呢？對初學者而言，持續保持覺知並不是一件容易的事，所以必須選擇「保護」的可能環境，也就是禪師在第二章所說：「別將自己的命運交託於他人之手」，而要做自己的主人；換句話說，就是要選擇可以讓自己修習正念的環境。在傳統的修法裡，要保持正念就要辨識外來刺激的訊息或自己投射的想法，要清楚怎樣做才能利益自己的修行而不會誤入誘惑的陷阱。例如：我們找一個安靜的地方打坐，就可以維持正念，但有人找我們談話或換個場合，可能就無法繼續保持正念，而陷入另一種散亂的情境之中。

　　這麼一個嚴肅的選擇題，禪師卻隨手拈來一個詩意且生活化的例子：窗戶被風吹開，冷風灌進來，房間內的紙散亂一地。用來譬喻我們不知如何保護自己的心，繼續保持正念，以致所接觸的訊息常常就是產生干擾的來源。禪師以生活化、活潑的方式，教導我們面對日常生活中五光十色的訊息，要如何收放自如。不是將窗戶緊閉、不和外界接觸，而是像影評人一樣，觀賞電影，卻不被電影情節席捲和操弄。因為有「覺知」，即使接觸外在世界的窗戶是打開的，也不會受到擺布。

　　要「持續保持覺知」、也就是「正知」，就得依靠辨識和抉擇，這正是《沙門果經註疏》中所說的「四正知」①，明瞭何者會障礙我的正念修行而使我不能持續，要針對持續的問題在

操練上設防和增強，才不至於無知地盲從外在環境。換句話說，禪師回答了我們一個問題：在日常生活中，尤其在這個資訊氾濫的時代，我們要如何過優質的生活，讓心靈世界更加豐富。

在此，一行禪師不再採用傳統特定的禪修方式如觀呼吸、參公案等，地點也不再侷限於禪堂，而是以更方便、更生活化的方式進入實相世界。他建議我們每個人找一個自己最感興趣的主題做為正念的對象，如一條河、一朵花或小孩的眼睛等任何環境或主題，因為以興趣做為驅力才更能持續，才能發展全然的專注。藉由這樣的接觸融入，就能在其中經驗無限的世界。也許就在靈光乍現的一剎那，你就能穿透概念的侷限而經驗到非概念的知覺世界，而這就是傳統修行系統中的「不癡正知」，一個沒有我、沒有將經驗或知覺框定化，異化為二元對立的境界。

接著，禪師引用了最難懂的龍樹菩薩的概念——空觀，帶引我們玩「文字的覺知」：如何在文字中發展「覺知」。我們雖然還未到達那樣的境界，但是他竟然能運用文字，解構概念的侷限狀態。所以第三章有助於我們在「概念的了解」中，看到「我們的心」和「我們的概念」是合一的，而這正是一行禪師最有創意之處。如「風吹」，有「吹」就是有「風」，沒有感覺「吹」就不會感覺「風」，雖然看起來有兩個概念，但其實

只有一個，若沒有覺知的「心」，也就沒有風、也沒有吹，所以吹和風都是心的作用。

　　禪師帶著我們繼續往前走，進入了第四章：能知和被知的對象是相互倚賴的。這無法僅憑概念去想像或思考，所以禪師說不要去想我說的，而是「親自」去經驗、去知覺。這就順勢帶入下一章的「空觀」。例如：椅子是個概念，但你可以在椅子上看到木匠、樹、森林、水和雲等，所以它不是一個獨立的存在，而是倚賴環環相扣的緣起次第而存在；而且，也不是對立的二者合而為一，而是無限網狀的融合。這樣我就被禪師引入大乘的般若空觀，也就是不二，亦即無邊際的存在。然而，那究竟是什麼呢？他以人的器官彼此相依共存為例來讓我們了解：所有的存在都不是獨立的存在，而是相互依存的。

　　第五章是在「空觀」的基礎上，繼續引導我們進入佛教不二和大智大悲大願的妙有世界，讓我們透徹地了解踐行菩薩精神者的生命情姿。這一章提供面對衝突對立的另一個反思角度：戰爭和對抗是否是解決衝突的唯一方式？或是可以透由「意識型態」的轉換更全面地來解決彼此的對立衝突？藉由不二的思維及禪修，禪師讓我們了知：人與人、國與國之間相互依存、密不可分的關係。

　　因此，禪師提醒我們：不要偏袒弱者，而是對壓迫和被壓迫者的處境全部擁抱；不要緊抓著被害者的苦而讓自己成為另

一個暴力的來源，這才是所謂的大悲。為何能做到如此？因為
這就是他的生命經歷，關鍵在於「不二」的心境——對我們喜
歡或不喜歡都不執著，不把善惡對錯概念化，從中看到因緣的
情況，而不會只看到自己的生命活在某個時空點，也不會只看
到自己受壓迫的一面。禪師用水和浪的比喻，讓我們看到不生
不滅的實相，而不需執著生死泡影的短暫現象（如：不用因為
聽到一行禪師的死而哭泣），以超越生命的苦難。這是以「意
識轉換」的方法來引導想致力於和平的人，先將二元對立的意
識在內心化解消融。

　　最後，禪師仍然回到之前所提到的方法：專注在你生命中
最感興趣、最想投注的課題，不管那是你最痛苦、最喜歡或是
最不了解的。這也是現代人資訊和娛樂太多的悲哀，我們再也
無法什麼事都不做，只是單純地坐一整個下午，全心地擁抱那
個課題，而把它徹底弄個清楚。

　　這就是融入所緣，與所緣共舞。這不是禪師為了取悅我
們，也不是給我們出一個新課題，而是他自己就是這樣走過苦
難之路。禪師讓我們明瞭，一旦我們將全部身心投入一個對
象，就能「欲靜則靜」，這是一種生命態度、一種生活方法。

　　這卻是和平運動人士、服務業人員或是任何行業中人常常
遺忘的——保持內心的平靜，用這種力量來面對周遭的一切。

　　總括來說，本書的精彩之處更在把四念處的修行方法和大

乘龍樹菩薩的般若空觀不著痕跡地融合在一起，前者是禪師一直弘揚的基礎修行，後者即是禪師大悲大智的菩薩踐行。為何禪師可以如此呢？因為他就是活在正念的觀照中，因為他看到生命無盡的緣起而不憂懼生死，他沒有選擇性地慈悲某一對象，大圓滿性也就因此產生了。因為般若空觀解構概念的侷限，禪師能在更多重的宇宙中來看這世界，當禪師將空觀應用在精神物質層面、應用在善惡、應用在佛和眾生間，就進入了華嚴森羅萬象的世界，那是「芥子納須彌」的不可思議世界，亦是一花一世界、一塵一佛土的世界，萬物相即相融、互相依存，也是禪師費心地列舉許多現代物理學的新發現來驗證的實相世界。

　　無論如何，所有前面談的若不願落於概念思惟，那只有一途——就是要親身做功課，否則這就只是另一本優美易讀的散文罷了。要將禪師所說的當成像學彈樂器，要不停地練習；要將本書當成一本修行操練手冊、和現在社會脈動扣得極為緊密的實修手冊，如此，你才能真正體會禪師為我們所描繪的優質生活。

※ 謹謝　主編陳麗舟小姐費心謄寫此文的口語採訪記錄為流暢的文字稿。

（本文作者為美國加州整合學院哲學博士、現職為香光尼眾佛學院講師）

注釋

① 四正知就是對禪修者如何在日常生活中持續修行，提出四種要清清楚楚辨識的範疇：一、有益正知；二、適宜正知；三、行處正知；四、不癡正知。第一和第二可應用於日常活動，有益正知就是心裡有個動機要做什麼，要先去辨識、檢查這個想法能否有真實利益。適宜正知就是清楚了解什麼對自己是適當的、有益的。行處正知就是了解自己的禪修法門，也就是禪修的所緣為何，並一直將這禪修的所緣保持在心中。不癡正知就是如實了知身心活動的過程中，只有身及心的因素構成身體活動的心的了知歷程，是體證無我和開悟的境界。（菩提比丘英文編譯，德雄比丘中譯，《沙門行經──沙門果經及其註疏》，法雨道場倡印，2002，頁 92-111）。

〔前言〕

在修道的迷霧森林中披荊斬棘

　　自從開天闢地以來，禪修者就明白，他們必須親身體會，並使用自己那個時代的語言，來表達他們的悟見。智慧猶如一條充滿生命力的溪流，而不是被保存在博物館中供人景仰的聖像。唯有當修行者在自己的生命中找到那條智慧的河流時，才可能源遠流長地傳遞給後世子孫。修行者了解該如何在修道的迷霧森林中披荊斬棘，闢出一條不斷前行的道路，更肩負讓這智慧的火把永遠燦爛閃耀的使命。

　　我們的悟見和使用的語言，與生活的時代密不可分。多年來，東方不斷追隨西方科技與物質文明發展的腳步，以至於盲目到忽視本身靈性的價值。在我們的世界裡，科技是推動經濟和政治發展的主要動力，但科學界的先驅已經開始注意到某些近似遠古東方人在靈修中所發現的真理。如果修行者能在自己的時代中屹立不搖，就能消弭科學與靈性間的鴻溝，而東方與西方也將會在發現真理的道路上遇合。已在內心播撒這靈性種子的人，可以開始進行這份重要的工作，運用每天正念的生

活，致力於東方與西方的精神匯流。

　　寫作這本小書的目的並非爲了炫耀作者的學識（事實上，也沒什麼東西好炫耀的），更希望它成爲你的朋友，而不只是一本書。你不妨像攜帶自己的外套或圍巾般，在公車或地鐵上隨身帶著這本書，讓它隨時爲你帶來喜悅的片刻。你可以讀上一小段，然後闔上書本，把它放進口袋裡，過些時間再讀幾行。若你覺得某些段落難以理解，就直接跳過去，往下讀後面的文章。你可以過一陣子再回頭讀這跳過的地方，或許會發現它的道理其實一點都不艱深。本書末尾的第五章就非常簡單易讀，如果你喜歡的話，可以從那章讀起。

　　請依照自己的經驗來理解這本書，切莫受其中任何話語或想法所困擾。唯有將自己化身爲本書的作者，你才能在閱讀時找到快樂和力量，支持自己從正念邁向眞理的旅程。

在梵文裡，「buddh」這個動詞即代表「醒過來」

而一個覺者就稱為佛陀（Buddha）

佛陀就是一個「永遠」處於覺醒狀態的人

我們有時能夠保有這份覺知

所以

我們「偶爾」是佛陀

第一章 ▌ 從 靜 坐 中 覺 醒

在靜坐中讓心止息片刻，心會變得清明

今天有兩個女孩和一個小男孩從村子裡來找譚蘇一起玩。他們四個人跑到我家後面的小山坡上玩耍，過了一個小時左右，他們回來要些東西喝。我拿出最後一瓶自製的蘋果汁，給每個小孩倒滿一杯，最後那杯倒給蘇。由於她那杯是瓶底部分的果汁，所以裡面有些果泥。當她看到杯裡有小果粒，就噘著嘴不肯喝。不久，這四個小孩又跑回山坡上玩，但蘇沒有喝任何東西。

半小時後，我正在房間裡靜坐，聽見蘇在叫喚。蘇想要喝杯冷水，但她連踮著腳都搆不到水龍頭。我就提醒她，餐桌上還有杯蘋果汁可以喝。她看著蘋果汁，發現裡面的果泥已經沉澱，果汁看來清澈又可口。她走到餐桌旁，兩手捧起玻璃杯。喝了半杯後，放下杯子問道：「這是另外一杯果汁嗎，和尚叔叔？」

「不是，」我回答。「這就是剛才那杯。它靜靜地坐了一會兒，現在就變得清澈又美味了。」蘇又看了一下杯子。「真的很好喝。它是不是像你一樣在靜坐呀，和尚叔叔？」我笑著拍拍她的頭說：「應該說我在靜坐時禪觀著這杯蘋果汁，才比較貼切。」

每晚蘇就寢時，我都在靜坐。我讓她和我睡在同一

個房間，靠近我靜坐的地方。我們講好，當我靜坐時，她就要乖乖去睡覺，不打擾我。在那種寧靜的氛圍中，她通常在五到十分鐘內就會安然入睡。等我靜坐完畢，就替她蓋好被毯。

譚蘇是「船民」①的小孩，年紀不到四歲半，去年四月跟著父親飄洋過海抵達馬來西亞，她的母親還留在越南。當她父親輾轉來到法國時，就託我們照顧蘇幾個月，他自己則到巴黎去找工作。我教她越南字母，還有一些越南的通俗民謠。蘇非常聰明，兩個星期後，就能夠慢慢拼讀托爾斯泰（Leo Tolstoy）寫的《傻子王國》（*The Kingdom of Fools*），我將它從法文翻譯成越南文。

譚蘇每天晚上都看著我靜坐。我告訴她，我正在「靜坐」，但沒有解釋其中的涵義，或是為何我這麼做。每晚當她見到我洗臉，穿上僧袍，並點燃一柱香讓滿室馨香時，她就知道我馬上要開始「靜坐」了。她也明白，這是她刷牙洗臉，換好睡衣，然後安靜上床睡覺的時間。我從來不必提醒她。

毫無疑問，蘇認為那杯蘋果汁就像她的和尚叔叔一樣，靜靜地坐了一會兒就清澈了。「它跟你一樣在靜坐嗎？」我認為，不到四歲半的譚蘇不需任何解釋就能了解靜坐的意義。蘋果汁在靜止片刻後就變得澄澈；同

我笑著拍拍她的頭說：「應該說我在靜坐時禪觀著這杯蘋果汁，才比較貼切。」

035

理，如果我們在靜坐中讓心止息片刻，心也會變得清明。這份心靈的澄明讓我們身心輕安，帶給我們力量和寧靜。當我們自覺輕安舒暢，周遭環境也會變得清新。孩童喜愛親近我們，並不只是為了拿到糖果或聽故事，而是因為他們能感受到這股「清新」。

今晚有位訪客到臨。我把剩下的蘋果汁倒滿一杯，放在靜坐室的桌子上。這時蘇已經熟睡，我邀請我的朋友非常安靜地坐著，正如那杯蘋果汁。

愈急著讓自己平靜，就會變得愈加不安

我們大約坐了四十分鐘。我注意到朋友微笑地望著那杯果汁，它已經變得非常清澈了。

「而你，我的朋友，你是否也像蘋果汁一樣？即使你不如蘋果汁般沉澱得這麼徹底，但你不覺得內心少了些焦慮、急躁和困擾嗎？雖然你仍然面帶微笑，但我想，你在懷疑自己能否變得像蘋果汁般澄澈──即使我們再繼續靜坐好幾個小時。

「這杯果汁的基礎非常平穩。而你呢？你的坐姿並不是這麼自在安定。那些微小的屑粒只是依循自然的法則，靜靜地沉澱杯底，但你的思緒卻不順服這樣的律

則；相反地，它們像一窩蜜蜂，興奮地到處亂竄，所以你認爲自己無法像蘋果汁般沉澱。

「你告訴我，有思考和感覺能力的人不能拿來跟一杯果汁相提並論。我同意，但我也知道，我們做得到像蘋果汁那樣，而且可以做得更好。我們不僅在端坐時能保持內心寧靜，在行走和工作中也是一樣。

「或許你並不相信我的話，因爲在你努力嘗試了四十分鐘後，還是無法得到你所企求的平靜。蘇此刻正睡得香甜，她的呼吸好輕盈。我們何不再點亮另一根蠟燭，好好地秉燭夜談？

「小譚蘇毫不費力地就這樣沉睡了。你明白那些夜不成眠的時刻是什麼滋味，你愈努力嘗試反而愈睡不著。你試著強迫自己內心平靜，卻感覺到內在有股抗拒力。許多人在靜坐的初體驗中，也都感受到這股抗拒力，他們愈急著讓自己平靜下來，就會變得愈加不安。

禪修，就是去觀照並且隨順所有的細微之處

「越南人認爲，這是因爲他們受到惡魔或惡業的控制，事實上，生起這種抗拒正是由於我們急於獲得內心的平靜。這些努力本身變成了一種壓迫。思惟與情緒猶

當我們自覺輕安舒暢，周遭環境也會變得清新。孩童喜愛親近我們，並不只是為了拿到糖果或聽故事，而是因為他們能感受到這股「清新」。

如河水般奔流，若想攔阻一條河的湧動，就會遭遇流水的阻力。所以，較好的方式是隨順著流勢，來引導它朝向自己所希望的方向。千萬不要企圖圍堵它奔流。

「請記住，河水必須流動，我們要順著它，必須察覺沿途加入的每條小溪，察覺自己內心生起的所有思緒、情感和感受——看它們如何生起、佇留，然後消失。

「你看見了嗎？現在這些抗拒力開始消失了。這條念頭之河仍然在流動，但不再隱身於幽黯之中。如今它在『覺知的陽光』之下奔流，要讓這太陽在我們內心永遠閃耀，清楚照見每一條細流、每塊鵝卵石，以及河流的每個轉彎處，這就是禪修。最重要的是，禪修就是去觀照並且隨順所有的細微之處。

平靜的心，不等於沒有思緒，不是感覺的漠然麻木

「在覺知的當下，雖然那條河仍然奔流不息，我們卻感到能夠自主。我們覺得身心平靜，但不是蘋果汁的那種『平靜』。處於平靜中，並非意味著我們的思緒與情感是冰封僵固的，它跟麻木的情況不同。一顆平靜的心不代表心中沒有思緒、感覺或情感，平靜的心不是麻木

不仁，不是心不在焉。

顯然地，單憑思緒和情感無法單獨構成我們生命存在的全部。憤怒、憎恨、羞慚、信心、懷疑、不耐、厭惡、渴慾、悲傷和哀痛，都是我們的心；希望、抑制、直覺、本能、潛意識和無意識，也是自我的一部分。

「佛教唯識宗 ② 對於八種心法和五十一心所有法 ③ 有詳盡的討論，你如果有時間，可以參閱相關著作，這些討論幾乎涵容了所有的心理現象。」

靜坐，不需強行壓抑內心的念頭和情感

初學靜坐的人常以為，為了創造能夠進入專注（定）和理解（慧）的狀態（即「真心」），必須壓抑內心所有的念頭和情感（即「妄心」）。他們採用種種方法，如把意念集中在某個對象或數念自己的呼吸，試圖摒除紛擾的思緒和情感。專注於某一對象或數息 ④ 都是極佳的方法，但它們不是用來壓制妄念的。

我們知道，凡有壓制必有反抗──壓制必然伴隨著反抗。真心與妄心實為一體，否定此就是否定彼，壓制此就是壓抑彼。我們的心就是我們自己，我們不能壓抑它，而必須用一種恭敬、溫柔，以及絕對非暴力的態度

真心與妄心實為一體，否定此就是否定彼，壓制此就是壓抑彼。

對待它。

　　既然我們連「究竟什麼是我」都不知道，又如何能分辨某一心念是妄是真，是否該壓制及壓制什麼？我們唯一能做的，就是讓覺知之光照亮我們的「自我」，讓「自我」覺悟，這樣我們就能夠直視本心。

　　正如花朵和葉子只是植物的一部分，波浪也只是海洋的一部分，我們的知覺、感情和思緒也是自我的一部分而已。綻放的花與綠葉是植物外觀自然的展現，而波浪是海洋呈現的自然現象，企圖壓抑或扼殺它們根本徒勞無益，而且這是不可能的。我們只能從旁觀察，因為它們的存在，我們就能找到它們的源頭，而這個源頭正是我們自己。

陽光即是綠葉，綠葉即是陽光

　　覺知的太陽源於自我最重要的部分，能讓自我獲得覺悟。它不僅照亮了所有的思緒和情感，也照亮了自身。

　　讓我們回到蘋果汁，靜靜地「坐著」。念頭之河繼續在流動，而今在覺知的陽光照耀下，平靜地流動著，而我們也祥和平靜。這條念頭之河與覺知太陽之間的關

係，跟真正的河流與太陽的關係並不相同。不論夜半或正午，不論濃雲蔽日或金光萬丈，密西西比河的水依然潺潺流動，一切都沒改變；但是，當覺知的太陽照耀在我們的心念之河上，我們的心就會轉化。這兒的心念之流與覺知的太陽本質是相同的。

讓我們思考一下葉子的顏色與陽光之間的關係，這兩者的本質也別無二致。在午夜時分，星光和月光只能映照出綽綽樹影；一旦陽光乍現，那葉子的綠色就會立刻顯現。四月時，樹葉之所以嫩綠欲滴，是因為陽光照射的緣故。某日，我獨自在林中靜坐，便仿擬《心經》⑤寫下這首詩：

陽光即是綠葉

綠葉即是陽光

陽光不異綠葉

綠葉不異陽光

一切形色亦復如是 ⑥

靜坐時出現的雙重自我，哪一個才是真我？

一旦覺知的太陽開始照耀，當下便發生了巨大的變

先放下你那把概念思惟的利劍，別急著將你的「自我」砍為兩半。

化。靜坐，讓覺知的太陽更容易升起，我們得以看得更加清晰。當我們靜坐時，似乎存在著雙重自我，一個是思緒和情感的流動之河，另一個則是照耀著它們的覺知太陽。

哪一個才是真正的自我？到底孰真？孰假？孰善？孰惡？請平靜下來吧，我的朋友。先放下你那把概念思惟的利劍，別急著將你的「自我」砍為兩半。這兩者都是自我，它們既不真，也不假；它們既真又假。

我們知道光和顏色是息息相關的，同理，自我的太陽（指覺知）和自我的河流（指思緒和情感）也沒什麼不同。跟我一起坐下來，讓你的臉上展露笑容，讓你心中的陽光閃耀。假如有必要，你可以閉上雙眼，好將自己看得更清楚些。

你的覺知太陽只是自我之流的一部分，不是嗎？它和所有心理現象一樣，依循著同樣的法則：生起，然後又消失無蹤。科學家用顯微鏡檢視某物時，必須讓光線照射在「被觀察的對象」上；要觀察自我也必須這麼做，讓覺知的陽光照耀「自我」。

快將理性之劍放下，別把自己砍成片段

我要你快將理性之劍放下，別把自己砍成片段。事實上，即使你想要這麼做也無能為力。你以為可以將陽光與葉子的綠色分開嗎？你不再能區分進行「觀察」與「被觀察」的自我。當覺知的太陽照耀時，思想與情感的性質就轉化了；它與觀察的心是一體的，但它們就像葉子的綠色與陽光般，依然有所區別。不要由「二元」的概念驟然擺向「一元」觀。

這個永遠安住當下的覺知太陽同時也是自身的覺照對象。當我們點亮一盞燈時，那盞燈本身也被照亮了。「我知道自己知道。」「我意識到自己在意識。」當你心想：「覺知的太陽已經在我心中熄滅。」就在這瞬間，它就會以超越光速的速度重新亮起。

別將你的心淪為戰場

在覺知之光的照耀下，觀察內心發生的各種變化。你會發現，就連呼吸也已經改變，與這個在進行觀察的自我變得「不二」（我不想用「一」這個字）藉由覺知，你的思緒和情感也會在剎那間轉化。當你不再試圖去論

藉由覺知，你的思緒和情感也會在剎那間轉化。當你不再試圖去論斷或壓抑這些念頭，它們就會與觀察的心融合。

斷或壓抑這些念頭，它們就會與觀察的心融合。

　　你可能經常覺得煩躁不安，而這份煩躁又不會自動消失。碰到這種情形時，你只要安靜坐著，隨著呼吸的韻律，面帶微笑，並讓你的覺知之光照耀著這份不安。切莫試著摧毀或論斷它，因為這份不安正是你自己。它只是生起，停留一段時間，然後就會自然地消失。

　　先別急著找出這種不安的源頭，不要太奮力想讓它消失，只須覺照它即可。你將會看到它一點一滴地開始變化，最後跟你這個觀照者融合成片。只要在覺知的光明中，任何的心理狀態終究會軟化順服，並獲致跟「觀察的心」同樣的狀態。

禪修，不是要跟內心的問題奮戰

　　在整個禪修過程中，要讓覺知的太陽不斷閃耀。就像真正的太陽能照亮每片葉子和草尖，我們內心的覺知之光也照亮每個念頭和覺受，讓我們觀照它們，覺察它們的生起、停駐和消失。在過程中不做任何論斷或評價，保持不迎不拒的態度。

　　很重要的是，不要將覺知視為自己的「盟友」，然後號召它來壓制「敵人」——也就是內心難以駕馭的念

頭。別將你的心化爲戰場，別在那兒發動一場戰爭，因爲你所有的感受──歡喜、悲傷、憤怒、憎恨──都是自己的一部分。而覺知猶如一位大哥哥或大姊姊，溫和又專注，在那兒引導和照亮所有的心念。

覺知是充滿包容力與清明的狀態，是非暴力和無分別的；覺知只是在那兒密切觀察思緒和情感，而不論斷它們的好壞，或將它們畫分爲不同陣營，陷入彼此的爭鬥。

好與壞兩股相對勢力常被喻爲光明與黑暗，但我們假如以不同的方式來看待，就會發現，當光明照耀之際，黑暗並未消失。它沒有離開，而是融入光明之中，它本身變成了光明。

剛才我邀請我的客人微笑。禪修，並不表示要跟內心的問題奮戰，禪修意味著觀照，你的微笑證明了這點，它顯示你與自身和諧相處，顯示了覺知的太陽正在你心中閃耀，而你已經掌控自己的內心狀態。因爲這時候你才是真正的自己，你已經獲得某種程度的平靜，而這份內心的平靜正是吸引孩子樂於親近你的原因。

禪修，並不表示要跟內心的問題奮戰，禪修意味著觀照，你的微笑證明了這點，它顯示你與自身和諧相處……

我學會在一切活動中保持覺知

　　我們能夠做得比一杯蘋果汁更好。我們不僅在坐著不動時，可以平靜地沉澱下來，即使是行走坐臥，或甚至是工作之際，也都能如此。當你在散步、沖一杯茶或咖啡，或洗衣時，是什麼東西阻擋內心覺知的太陽閃耀生輝？

　　當我初次成為慈暉寺⑦的學生，我學會在一切活動中仍保持覺知──不論是在園中除草、耙取池塘邊的浮葉，或是在廚房洗碗，我都遵照讀體律師⑧在他那本禪修手冊《毗尼日用切要》中所教導的方法，去練習覺照。

　　這本小書上說，我們必須全然覺察自己所有的活動。當一個人醒來的時候，要知道自己是醒著的；在穿衣服時，要知道自己是在穿衣服；洗手時，要知道自己在洗手。讀體律師寫了一首偈頌，以便我們在洗手或穿衣時能夠誦念，好讓我們一直保持在覺知中。以下是他為我們在穿衣時背誦所作的偈：

　　我於穿衣際，
　　但願諸有情，

溫暖湧心間，

恆不失正念。

弟子的舉止，就是他禪修的境界

藉由這類偈頌的幫助，覺知的陽光就很容易照耀在我們的日常活動，以及思緒和情感上。當我年幼時，常聽見母親告訴姊姊，女孩子必須注意自己的每個舉動。我當時很慶幸自己是個男孩，不必像她那樣隨時注意自己的舉止。直到我開始習禪時，才恍然大悟，自己在行為舉止的留意要比姊姊當年還更多上千百倍。

我所專注的不僅是自己的舉止，還有思緒和情感。我的母親就像天下所有的母親一般，明白注重自己儀態舉止的女孩，外表會顯得更加光采動人。她的舉動毫不愚蠢、急躁或笨拙，看起來非常溫婉、柔和、優雅。其實，我母親在不知不覺間，已教導姊姊體驗禪修了。

同樣地，修習正念的人看起來也很優雅。禪師只需觀察弟子在日常生活中如何擊鐘、打掃庭院和擺設碗筷，就能判斷他的成熟度如何；禪師能在弟子的舉止和個性中，看出他的「禪修境界」。這個「境界」就是平日修習正念的成果，禪師稱之為「禪味」。

禪師只需觀察弟子在日常生活中如何擊鐘、打掃庭院和擺設碗筷，就能判斷他的成熟度如何……

你會用多少時間喝杯茶？

禪修的祕訣在於，要對自己的存在隨時保持覺照，不論身處任何環境，讓覺知的太陽持續照耀內心生起的每一件事。在喝茶的時候，我們的心必須全然專注於喝茶本身。若我們能全神貫注，喝茶或咖啡也能成爲日常生活的樂趣。

你會用多少時間喝茶？在紐約或東京的咖啡館，人們總是到店裡點杯咖啡，匆忙地喝完、付帳，然後又行色匆匆地趕路辦事。這樣頂多只花幾分鐘。通常店內會播放震耳欲聾的音樂，你一邊聽音樂，一邊看著別人匆忙吞飲咖啡，心裡則是盤算著待會兒要做什麼。這實在不能稱爲喝咖啡。

你參加過茶道嗎？人們聚集在一起，花兩、三個小時喝幾杯茶。這些時間可不是花在聊天閒扯上，而是花在相聚品茗這件事而已。你或許會認爲這麼做是不負責任的表現，因爲這些人根本將世界大事置諸腦後，但你必須承認，這些人的確懂得如何好好地喝茶，他們了解與朋友品茗的樂趣。

花兩個小時喝杯茶，我同意是有些過分了。生活中還有許多其他事要做：整理花園、燒飯洗衣、清洗碗

筷、裝訂書籍或寫作。或許這些事比不上喝茶或到山坡
上散步來得有趣，但如果帶著完全的覺知來做這些事，
就會發現它們也相當令人愉悅。即使飽餐一頓後去清洗
碗筷，也是件享受的樂事。

我們所洗的每一個碗都是奇蹟

我認為，只有當你不是真正在洗碗時，才會覺得洗
碗是件苦差事；一旦你站在洗碗槽前，捲起袖子，將雙
手浸泡在溫水中，那感覺說實在並沒那麼糟糕。我很能
享受慢慢洗碗的樂趣，充分感受到每一個碗盤、水流的
存在，以及雙手的律動。

我知道，若當時只是急著把碗洗好，然後可以去喝
杯茶，那段時間必然會很難捱，而且不值得這樣過。這
麼做會相當悲哀，因為生命中的每分每秒都是奇蹟。那
些碗盤本身，還有我此時此刻站在這裡清洗，都是一種
奇蹟！

我在《正念的奇蹟》這本書中曾寫到這點。我們敲
響的每一記鐘聲、所寫的每首詩，以及所洗的每個碗，
都是個奇蹟，每件事都具有同樣珍貴的價值。

禪修的祕訣在於，
要對自己的存在隨
時保持覺照，不論
身處任何環境，讓
覺知的太陽持續照
耀內心生起的每一
件事。

神聖與世俗的疆界已泯除

某日，當我在洗碗時，突然覺得自己的動作神聖尊貴，就如同在為新生的佛陀洗浴。這位新生的佛陀如果讀到這段話，必然會替我感到高興，絲毫不會因為被拿來跟一個碗相提並論而覺得受辱。

在覺照中的每個思惟、每個動作都是神聖的。在這片光明的領域中，神聖與世俗的疆界已泯除。我承認自己洗碗所花費的時間較長，但我時時刻刻都活在當下，而且內心十分快樂。洗碗這件事既是手段，也是目的──換句話說，洗碗不僅是為了潔淨碗盤，也是為了洗碗而洗碗，讓自己在清洗碗盤時的每一刻都保持覺知。

如果我不能以愉悅的心情來洗碗，只想盡快將碗洗完，好去喝杯茶，那我同樣也無法盡情快樂地享用這杯茶。雖然一杯茶在手，心裡卻仍惦記著其他事，這樣一來，這杯茶的滋味和品茗的樂趣都消失殆盡，我的心永遠都懸念於「未來」，絕不可能活在「當下」。

如何培養覺知？你得自尋答案！

讓我們能夠「掙一口飯吃」的工作，同樣也能以洗

碗的精神來進行。在僧團中,裝訂書本是我的主要工作。我運用一支牙刷、一個小滾軸和一塊極重的防火磚(約四、五磅重),就能每天裝訂兩百本書。

在裝訂前,我會先將書頁按順序沿著長桌四周排好;然後我繞桌而行,每走完一圈,就能收集好完整、順序正確的書頁。繞桌而行的時候,我知道自己不會走偏,所以我的腳步非常緩慢,每收集一頁紙張,都清楚覺察到每個動作;我呼吸輕緩,同時也覺察每個呼吸。當我裝幀書頁、上膠,並裝訂好封面時,內心非常平靜。

我知道自己的速度比不上專業裝訂師傅或機器,無法生產那麼多的書,但我也明白,自己其實並不厭惡這份工作。如果你希望賺許多錢花用,就必須工作賣力且動作迅速;但是你如果只想過簡樸生活,就能輕省地工作,並活在完全的覺知中。

我認識許多年輕人寧可減少工作時間,每天大約四個小時,過著清貧的生活,好讓自己活得簡樸又快樂。這或許是解決目前社會問題的方法——降低無用物品的生產量、與失業的人分享工作,並且實踐簡樸快樂的生活。有些社團和有些人的做法已經證明這是可行之道。這讓未來充滿了希望的徵兆。

在覺照中的每個思惟、每個動作都是神聖的。在這片光明的領域中,神聖與世俗的疆界已泯除。

或許你會問,在洗碗、裝幀書籍,或在工廠、辦公室上班時,到底如何培養覺知?我想,你得自己去尋找答案。只要盡己所能地讓內在的覺知之光保持明亮,終會發現適合自己的方式;或者你也能嘗試別人走過的路——像是背誦讀體律師的偈頌,或是全心專注於自己的呼吸。

在每次的吸氣和吐氣、在肺部的舒張與收縮之間,都能保持覺知。當心中有念頭或感覺生起時,就讓它隨著你的呼吸自然流動。它們或許能提醒你隨順自己的呼吸,幫助你呼吸得更輕柔和緩。

綻放一抹微笑,你就安住於覺知之中了

當你專注於呼吸,就能暫時充分保持清醒。你已經又往成功邁進了一步,不是嗎?所以,何不展露微笑?這一抹微笑就證明你已經辦到了。看見你的笑容,我立即明白你正安住於覺知之中。請讓這抹微笑永遠綻放,這就是佛陀的微笑。

古往今來,曾有多少藝術家竭盡心力地想讓這朵微笑的小花展現於無數的佛陀雕像上?或許你在柬埔寨吳哥窟 ⑨ 眾佛的臉上見過,或是在印度西北部犍陀羅 ⑩ 的僧

院中見過，我相信他們所雕的佛像臉上，也呈現著同樣的笑容。你能想像一個充滿憤恨的雕刻家能創造出如此脫俗的笑容嗎？

當然不可能！我認識在越南茶瞿（Tra Cu）山那位創作「大涅槃」像 ⑪ 的雕刻家。在創作此雕像的六個月期間，他每日茹素、打坐和讀經。

蒙娜麗莎的微笑是淡淡的，只是一種微笑的暗示。即便是那樣的笑容，都足以鬆弛你臉上所有的肌肉，除去內心的煩憂與塵勞。綻放輕柔的微笑就能夠滋養覺知，並有鎮靜人心的奇蹟功效，讓你重拾失落的平靜。

當你獨自漫步於山坡、公園或河邊，可以依循自己的呼吸前進，面帶笑容。當你感到疲倦或煩躁時，可以平躺下來，雙臂置於兩側，全身肌肉放鬆，只保持對呼吸和微笑的覺察。這樣的放鬆方式很美妙，而且能讓身心非常舒暢。

如果你每天進行數次，將獲益良多。專注地呼吸和微笑，可以為你和周遭的人帶來快樂。縱使你花費許多錢為家人買禮物，絕比不上你的覺知、呼吸和微笑所能帶來的真正快樂，而且這些珍貴的禮物不必花費任何一分錢。

看見你的笑容，我立即明白你正安住於覺知之中。請讓這抹微笑永遠綻放，這就是佛陀的微笑。

數息，可以讓你平靜且專注

如果你的心情過於煩躁不安或壓力過於沉重，而無法隨順呼吸，這時就可以運用數息的方式。第一次吸氣和吐氣時就數「一」，這期間要一直專注這個數字。在第二次呼氣和吐氣時數「二」，不要讓自己分心。依此方式一直數到「十」，然後再從「一」開始算起。

若是在這段期間你分心了，可以從「一」再重頭算起。當你整個人平靜且專注，就能夠不依賴數息而隨順呼吸。

你用鐮刀割過草嗎？我在五、六年前曾買過一把鐮刀，打算割除小木屋四周的雜草。我花了一個多星期才找到最好的使用方法。不論是站立的姿勢、手握鐮刀的方式，還有刀鋒揮向雜草時的角度，都非常重要。

我發現，如果在揮刀時配合臂膀的動作與呼吸的規律，保持不疾不徐，覺察自己的活動，就能夠工作較長的時間。如果沒有這些條件彼此協調，那麼不到十分鐘就會感到疲倦。

某天，有位義裔的法國人來拜訪我的鄰居，我請他教我使用鐮刀。他在這方面比我在行，但他大部分時間都保持同樣的姿勢和動作。令我驚訝的是，他也是讓動

作與呼吸協調一致。從此以後，每當我見到鄰居在割草，我就明白他們是在修習覺知。

身體不僅是追求真理的工具，它本身就是真理

在我擁有鐮刀之前，還用過其他工具，例如十字鎬、鏟子和草耙，同樣要協調呼吸和動作。我發現，除了極費體力的工作，像是移動巨石或推動大型的手推車（這些很難讓人保持完全覺知）之外，大部分的工作如翻土、犁溝、播種，或施肥、澆水等，都能夠以放鬆和保持覺知的方式進行。

過去這幾年來，我一直避免讓自己疲乏和分心，我認為人最好別虐待自己的身體。我應該像音樂家珍惜自己的樂器般，小心地照顧自己的身體，以尊敬之心對待它。

我對自己的身體實施「非暴力」政策，因為它不僅是我們追求真理的工具，它本身就是真理；身體不僅是座聖殿，同時也是經驗豐富的哲人。我非常喜愛和尊敬自己犁田和裝訂書籍的「工具」，當我使用這些「工具」時，全神專注於呼吸上，而且發現它們跟我呼吸的律動一致。

我對自己的身體實施「非暴力」政策，因為它不僅是我們追求真理的工具，它本身就是真理……

055

一棵薄荷所帶來的深遠影響，與一首詩完全相同

我不知道你每天從事什麼樣的工作，但我知道，有些工作比較容易帶領人們走向覺知。例如，寫作就比較不容易保持正念。

當我寫下句號，我心裡才明白一個句子寫完了。但在書寫這個句子的過程中，比如說現在，我仍偶爾會失去覺照。因此，過去幾年來，我經常從事勞動工作而較少寫作。

有人告訴我：「種植蕃茄和萵苣或許也能通向一切真理，但不是每個人都像你一樣具備寫故事和詩的才華，請別把你的時間浪費在體力勞動上！」

其實我並沒浪費任何時間。種一棵植物、洗碗或割草，跟寫一首詩同樣都是永恆與優美的！我無法理解為何寫詩就優於種一棵薄荷。播種帶給我的樂趣和寫詩一樣多。對我而言，一棵萵苣或薄荷的嫩芽，在時空中所帶來的深遠影響力，與一首詩完全相同。

當我在一九六四年協助創立高級佛學研究大學（University of Advanced Buddhist Studies）時，曾犯下嚴重錯誤。那些學生都是年輕的比丘和比丘尼，只是在校園中研習書本、經文，以及鑽研各種理念。到頭來，他

們除了學到一丁點的知識和拿到文憑之外，其餘一無所
獲。

　　過去，新剃度的沙彌剛進入寺院，會馬上被領到菜
園中，學習全神貫注地割草、澆水和耕種。他們閱讀的
第一本書是讀體律師的偈頌，內容包括穿衣、洗手、過
河、挑水、早起穿鞋，以及各種日常實務，好讓學生們
整天修習覺知。之後他們才開始研讀經論，並參與團體
研討和私下請教禪師，但仍然是研讀與實務修行並重。

　　如果我有機會協助創建另一所大學，我會依循傳統
僧院的學習方式。那樣的僧團將會讓所有學生沐浴在覺
知之中，共同吃、睡和工作，度過每天的生活，就像法
國的方舟之家 ⑫，或是和平之鄉 ⑬ 或芳貝（Phuong Boi）
禪修中心那樣。我確信，全世界各種宗教、禪修和研習
中心都很相似。這也是我們辦大學的優良典範。

每個人都必須找到一處心靈家園，讓自己有個避風港

　　我們每個人都需要「歸屬」於某個地方，像是某個
禪修中心或僧院，那裡靈秀的風光、鐘鳴，甚至建築物
的式樣，都在提醒我們回歸覺知。在那些地方待上幾天
或幾星期，對身心的復甦是有助益的；即使我們無法實

種一棵植物、洗碗
或割草，跟寫一首
詩同樣都是永恆與
優美的！

際到那裡去，但只要想到，便打從內心裡微笑，感到平靜又快樂。

住在那兒的人們應該會散發平靜和清新的氛圍，這是安住於正念所呈現的果實。他們必然得永遠在那兒，好照顧我們的心靈，安慰和支持我們，幫助我們療癒心中的傷痛。我們每個人都必須找到一處心靈家園，讓自己有個避風港，彷彿孩子受挫折時就會飛奔到母親那兒尋找撫慰和庇蔭。

一九五〇年代末期，我和幾個朋友在越南中部的大樂（Dalat）森林建立芳貝禪修中心（亦名 Fragrant Palm Hermitage），那是我們的靈性家園。後來有些人離開，成立了錦囊出版社、社會服務青年學校、萬行大學，以及常照（Thuong Chieu）寺，心中還是不時憶起芳貝禪修中心，讓每所新成立的機構都以自己的方式成為一座心靈家園。

許多人投入社會改革工作，亟需一處這類能提供心靈療癒的處所。當我們因戰爭的緣故無法返回芳貝禪修中心時，便避居到常照寺；而當常照寺也變得無法容身後，我們就在法國著手建立梅村禪修中心。⑭

藉由覺知，日常生活的行動都會產生新意義

　　我們過著極忙碌的生活，雖然不必像以往的人們從事那麼多的體力勞動，但似乎總是感到時間不夠用。有人說，他們連吃飯或呼吸的時間都沒有了，我相當能夠體會。我們該如何面對這種情況？我們能夠力挽狂瀾，讓時間放慢腳步嗎？

　　首先，讓我們點亮心中那把覺知的火炬，學習如何在喝茶、吃飯、洗碗、行住坐臥、開車、工作時，都讓自己保持覺知。我們不需被環境耍得團團轉，因為我們並非只是隨波逐流的葉子或浮木。藉由覺知，日常生活的行動都會產生新意義，我們發現自己不是機器，從事的活動並非只是漫不經心的重複。整個人生、宇宙和我們自己都是一個奇蹟。

　　當我們的心受到混亂和散逸侵擾時，可以自問：「我現在到底在做些什麼？我在浪費生命嗎？」這些問題馬上就會重新點燃覺知，讓我們專注於自己的呼吸。我們的臉上會自然展現微笑，工作的每一刻都朝氣蓬勃。如果你想唱歌的話，請唱歌吧！真正地開懷高唱！

我們不需被環境耍得團團轉，因為我們並非只是隨波逐流的葉子或浮木。

保有覺知，我們就是「佛陀」

有位政治學教授問我，靜坐時心裡想些什麼。我告訴他：「什麼都沒想。」我說，我只是專注於當下和眼前發生的事。

他看起來不太相信，但這是事實，當我靜坐時，幾乎完全沒有運用推理思惟能力（也就是分別意識）。我不會試圖分析事情或解決複雜的問題，例如數學難題或謎語。即使是我在參詳公案 ⑮ 時，也就只是讓它在那裡，全心關注著它，而不急著去解釋或詮釋。因為我了解「公案」並非一道待解的謎題。

在覺知的意義上，「參詳」並不意味著分析，而只是接續不斷的「覺察」。思考需要耗費許多能量，這些活動會令我們疲憊，但若是安住於覺醒或覺察的活動中，情況就截然不同。

我們往往以為禪修需要「大腦」不斷地運作才行，但事實並非如此。禪修者並非思考者，禪修者並不從事心智活動；相反地，禪修代表心靈處於歇息狀態。

從我們談話開始，我就未曾要求朋友運用「大腦灰質」，只是邀請他與我一起去「觀」、去「體認」。我們必須集中精神才能辦到，但不是透過分析。我們必須全神

貫注，不做任何思辨或詮釋。全神貫注意味除了專注力別無其他，這是一種能將你從睡夢中帶來甦醒的載具。

假如你對自己的生氣、感覺、思考或行住坐臥等，沒有清清楚楚、明明白白，那你就等於陷入昏睡。卡繆在他著名的小說《局外人》⑯裡，曾把他的叛逆主角描寫成「行屍走肉般」的男人。這就像活在一個黑暗的房間裡，缺乏覺知的光明。但是當心中的覺知之光點亮，你的生命就從睡眠中躍入覺醒。

在梵文裡，「buddh」這個動詞即代表「醒過來」，而一個覺者就稱為佛陀（Buddha）。佛陀就是一個「永遠」處於覺醒狀態的人。我們有時能夠保有這份覺知，所以，我們「偶爾」是佛陀。

每當覺知之光點燃，專注和理解就會自然呈現

覺知（英文為 awareness，巴利文為 sati，梵文為 smr-ti⑰），意思就是「覺察」（being consious of）、「憶念」（remembering）或「明瞭」（becoming acquainted with），但我們必須在「正處於覺察……的過程」或「正處於憶念……的過程」這層「當下進行」的意義中來使用這個字。我們或許認為，覺知就是認知或全心全

全神貫注意味除了專注力別無其他，這是一種能將你從睡夢中帶來甦醒的載具。

意，但它的意義並非僅止於此。覺知還包含專注（定，三摩地 ⑱）和理解（慧，般若 ⑲）。

定與慧的結合，既決定了覺知的強度，也是覺知的結果。每當覺知之光點燃，定（心一境性，one-pointedness）和慧（明見，clear-seeing）就會自然呈現。專注和理解通常用於表示覺知的結果或效用，如果要表達的是前因，可以用「止」和「觀」這兩個詞。

如果我們能夠做到「止」和「觀」，就能達到「明見」。但是，什麼東西必須止住呢？也就是忘失、散亂和煩惱等失念和不覺照的狀態必須停止。「止」並不是壓抑，而是把失念轉化為憶念，把缺乏覺照轉化為覺照。⑳

修行的目的在於看清實相

禪修，並非練習分析或推理。在修習覺知、專注（定）和理解（慧），以及止和觀時，沒有銳利的邏輯之劍用武之地。在越南，當我們煮一鍋乾玉米時，會專心顧好那盆火，等幾個鐘頭之後，玉米粒自然就鬆軟裂開。

當陽光灑落在雪地上，積雪會慢慢消融；當母雞孵蛋時，蛋殼內的胚胎會逐漸發育成形，直到小雞有足夠

的能力破殼而出。這些都是描繪禪修作用的最佳寫照。

　　修行的目的在於看清實相（事物的本來面目），也就是「心」和「心所」㉑。當我們說到心和外在世界時，立即就會掉入二元論的概念陷阱中；若使用「心」和「心所」這類字眼，就能避免概念上的分別所帶來的傷害。

　　禪修的作用猶如鍋子底下的那盆火、照耀雪地的陽光，或是母雞孵蛋的體熱。在這些例子中完全不用推理或分析，需要的只是耐心和持續的專注。我們能讓真理自然地顯現出來，卻無法以數學、幾何學、哲學或任何理智運作來描述。

偉大的發明經常是透過直觀而啓悟

　　「實相無法藉由概念來把握真理。」我不知道當初是誰先說過這句話。當我們全神貫注地進行觀察時，內心也會生起這樣的看法。概念只能將實相切割成零碎、毫無生命，而且看似彼此沒有關聯的小片段。

　　許多科學家都承認，偉大的發明經常是透過直觀而啓悟。對他們而言，理智本身並非發明的原動力，而只是扮演事後解釋和支持論證的角色。這些發現通常都發

人生面臨的所有問題、愛欲、憎恨、哀傷和痛苦等煩惱，以及生和死、色和空、有和無等想法，都能夠拿來當做「參的對象」。

063

生於最出其不意的時刻，在科學家們沒有積極從事思考、分析或推理的狀態下，不經意地靈光閃現。

由於科學家持續鑽研某個問題，所以，不論日常生活的吃喝或行住坐臥，都將心力全然投注其中，深具啟發性的觀念就這樣被點亮了。

那些鎮日參公案的人也完全一樣。我們可以說「冥思」一則公案，但更精確的說法是「參」（examining）或「觀」（looking at）公案。人生面臨的所有問題、愛欲、憎恨、哀傷和痛苦等煩惱，以及生和死、色和空、有和無等想法，都能夠拿來當做「參的對象」。

在夢中能保持覺知

覺知，同時是因也是果，是專注（定）也是理解（慧），是止也是觀。只要燃亮覺知之光，我們便能專注且平靜，更能清晰地照見自己。當發電機運作時，電流的流動能夠使燈泡發亮；若持續替電池充電，能量就在電池中累積。

同樣地，當一個人不斷保持覺知，專注與理解就會累積，這即是所謂的「精進」。這時，一個人即使在睡夢中，也不會停止覺知，甚至睡夢中的人在自己都不知道

的狀態下，仍繼續參公案。有時，睡夢中的我們仍保持覺知。當我精進修行時，甚至能在夢中看見自己保持覺知。

一個人如何能想像那無法想像的事物？

為了觀察得更清楚，科學方法經常儘量限制觀察的領域；範圍愈小，能專注的程度就愈高。可是，進入次原子粒子的領域後，科學家們發現，粒子之間其實彼此牽動，甚至受到進行觀察的科學家本身的心念所影響。

有一群理論物理學家發展出所謂的「靴帶理論」㉒。他們認為，宇宙間所有的事物和生命都是依賴其他的事物和生命而存在。我們一直相信，粒子構成「物質」，但事實上，所有粒子皆依賴其他一切粒子而存在，沒有任何粒子擁有獨立的自性——「所有粒子皆出其他粒子所組成」。

這個觀念與《華嚴經》㉓中「一切即一」的看法不謀而合。㉔

如果實相是一種相互作用，是一種「互即互入」㉕的現象，那我們如何直探實相的本質？曹洞宗㉖教導弟子只要去觀察，不做思辨也不論斷。

當一個人不斷保持覺知，專注與理解就會累積，這即是所謂的「精進」。

他們說：「一個人如何能想像那無法想像的事物？不思惟，就是禪之本質。」㉗

我喜歡越南文的「quan chieu」（觀照）一詞，因為它有光明照耀於某物而得以看清的含義——一種不沾染臆測、推論、詮釋或評價的觀察。

當陽光不斷照耀一朵蓮花時，花朵卓然綻放，蓮子就會展露。同理，透過禪觀，實相也會慢慢地呈現。在禪修中，清淨覺照的主體與客體是不可分割的。

這世間並不存在任何全然客觀的現象

在二十世紀以前的科學界，研究者與其研究對象之間總是被劃上一道界線；時至今日，除了在原子研究領域，情況通常依舊如此。一位病毒學家與他在顯微鏡下所觀察到的病毒，被視為兩個互不相干的獨立個體。㉘

禪修所抱持的態度卻截然相反。想想陽光與綠葉間的關係，當我們以覺知照耀某物，它就改變了，與覺知融合在一起。

例如，當你察覺到自己很快樂，你會說：「我知道自己是快樂的。」若是說得再深入些，你可能說：「我知道我察覺到自己是快樂的這件事。」

這裡面有三層含義：快樂、察覺到快樂，以及知道這份察覺。我現在是運用這把概念的利劍來說明其中的要旨，但實際上這三個層面是一體的。

在教導覺知的《四念處經》㉙中，運用諸如「觀身如身」、「觀受如受」、「觀心如心」、「觀法如法」這些說法，爲何要重複身、受、心、法這些字眼？有些論㉚說，重複這些字的目的在於強調它們的重要性。

其實不然，我認爲重複這些字眼是爲了提醒我們，不要將禪修者（能觀）與禪修的對象（所觀）割裂開來。我們必須與此對象平等無分、相融無間，就像一粒鹽融入海洋。

面對公案的態度也是如此。公案不是需要運用理智解答的問題。公案如果是別人的話，就稱不上是公案了。只有屬於我們的公案才是眞的公案。

公案必須是我們的生死大事，不能與我們的日常生活脫離；公案必須根植於我們的骨肉之中，而我們正是滋養它的沃土。唯有如此，公案的果實和花朵才眞正屬於我們。

「理解」（comprehend）一詞是由兩個拉丁字根組成：「*com*」（共同在一起）和「*prehendere*」（拿取或抓住）。理解某個事物，就表示抓住某物並與它聯繫在一

在禪修中，清淨覺照的主體與客體是不可分割的。

起。若是僅憑表象來分析某人，而沒有同他融在一起，沒有設身處地站在他們的立場，沒有進入他們的內心，那就永遠不可能真正理解他們。

神學家馬丁‧布伯 ㉛ 曾說，人和上帝之間並非主體與客體的關係，因為上帝不可能成為知識的對象。

二十世紀的物理學家已發現：「沒有全然客觀的現象存在；也就是說，沒有獨立於觀察者的心而存在的現象。相對地，所有主觀的現象都呈現一種客觀的事實。」㉜

注釋

① 船民：乘漁船或舢板逃離越南的海上難民。越戰結束後五年期間（1975～1980），大量越南人民搭乘各種海上交通工具離開越南。西方國家就稱這些人為「Boat People」。

② 唯識宗（Vijnañavada）：又稱為法相宗，中國佛教十三宗之一。以唐代玄奘（600～664）為宗祖，本派主要繼承古印度瑜伽行派的學說，主張外境非有、內境非無「萬法唯識」，認為宇宙萬物全都是心識動搖所變現的影像。特別以《解深密經》和《成唯識論》為本派宗旨。

③ 唯識宗把宇宙萬有區分為五大類，即八種「心法」、五十一種「心所有法」、十一種「色法」、二十四種「心不相應行法」、六種「無為法」，統稱「五位百法」。

八種心法：也就是八識，即眼、耳、鼻、舌、身、意、末那（末那是思量的意思，指凡夫妄起我執的根本）、阿賴耶（阿賴耶識是含藏宇宙一切色心的種子，又名種子識，是前七識的根本）。這是指因客觀境界起分別思慮的根本體。

心所有法是與心法相應的各種心理活動，共分六類（遍行、別境、善、根本煩惱、隨煩惱、不定），細分為五十一種。

④ 數息：又稱為「數息觀」，就是數念呼吸的吸氣和吐氣，幫助心念專注的禪修法。

「數」，即數數字；「息」，指個人鼻息、氣息。修數息觀，就是將心念專注在氣息和數字上，藉以停止心念的遷流和昏闇。

⑤ 《心經》：全名《摩訶般若波羅密多心經》，唐玄奘譯。本經係將內容龐大的《般若經》濃縮，成為表現「般若」精神的簡潔經典。全文僅二百六十字，是佛教流行最廣的經典之一。一行禪師在此是模仿《心經》的「色不異空。空不異色。色即是空。空即是色。受想行識亦復如是。」

⑥ 〈般若〉（Prajña），一行禪師著，出自《沙地上的足跡》（*Footprints on the Sand*, San Jose: La Boi Press）。

⑦ 慈暉（Tu Hieu）寺：位於越南順化（Hue）市，創建於 1843 年。

⑧ 讀體（Doc The）律師（1601～1679）：明末律宗千華派第二祖，後改名「月見」。明清之際，戒法淪喪，讀體律師力挽狂瀾，以身示範，改革頹墮之風。其所著《毗尼日用切要》是傳戒時必須熟讀的典籍。

⑨ 吳哥窟（Angkor Wat）：柬埔寨吳哥王朝的都城遺跡，是世界七大奇蹟之一。其中的大吳哥城是由十二世紀虔信佛教的國王加亞華爾曼七世（Jayavarman Ⅶ）所建立，城中有數百座微笑佛像的雕刻。

⑩ 犍陀羅（Gandhara）：位於古印度西北部，在今巴基斯坦、阿富汗境內，是古印度的佛像藝術中心之一，當地佛像呈現希臘雕像影響下的寫實風格。

⑪ 大涅槃（Parinirvana）像：指佛陀往生時側身而臥的姿勢。

⑫ 方舟之家（Ark Community）：這是一個由志工所組成的團體，專門收容心智障礙的人士。1964 年時，由 Jean Vanier 在法國創立，目前已遍及世界各地，大多是由當地的教堂所支持。

⑬ 和平之鄉（Shanti Niketan）：位於印度西孟加拉省，泰戈爾曾在此地創建「印度國際學園」（Visva-Bharati），是一所類似森林小學的學校。在這個學園裡，教育不只是知識累積，而是生活的全部，因此有一段日子只招收住宿生，師生一起生活，從早起沐浴到晚上就寢都在一起，並輪流做飯分菜。

⑭ 梅村禪修中心：1982 年，由一行禪師在法國南部建立的寺院和禪修中心。在梅村，全年都有世界各地前來參加禪修的人士，近幾年迅速擴展，目前已發展成七個小型的聚落。

⑮ 公案：本義是官府中判決是非的案例。禪宗將歷代高僧的言行事蹟記錄下來，作為禪修者的指示，漸漸成為一種禪修對象，或禪修者的座右銘，即稱為公案。「參公案」的風氣倡始於唐代，至宋代大盛。基本上，公案不可用邏輯推理或一般常識來解釋，因為禪宗的基本精神就超越文字語言的思辯和束縛，所以，禪師們往往藉著公案的「非邏輯性」來觸發意識之外的深層直覺，幫助人們體證真性。

⑯ 卡繆（Albert Camus, 1913～1960）：二十世紀存在主義大師，「荒謬」為其作品的

一大特色，在他的作品中，時而可見人與現實世界之間的冷漠、疏離與對立關係。1942 年出版《局外人》（*The Stranger*）一書，被譽為法國文壇之星；1957 年因《局外人》獲得諾貝爾文學獎，1960 年因車禍去世。

⑰ usati 和 smrti 又譯作「念」，指內心對對象的一種記憶作用。

⑱ 三摩地（samadhi）：又稱為三昧，也就是正定的意思，表示心意專注一境不散亂。

⑲ 般若（parajña）：就是智慧的意思，表示明見一切事物和道理的高深智慧。

⑳ 在唯識的理論中，覺知包括三摩地和般若，而失念則包含散亂和不正知。散亂和不正知，以及三摩地和般若，是相對的。覺知、三摩地和般若是健全心理五大要素中的三項，失念、散亂和不正知則是使人類心理不健全的二十六種煩惱的其中三項。健全心理的五大要素應該是指「無漏五根」，也就是用來對治各種煩惱的善法根本，即信、精進、念、定和慧。其中，「念」就是覺知〔正念〕，「定」就是三摩地〔專注〕，而「慧」就是般若〔智慧〕。二十六種煩惱，是指唯識宗五十一種心所有法中的六種根本煩惱〔貪、瞋、癡、慢、疑、惡見〕，以及由根本煩惱衍生而來的二十種隨煩惱〔忿、恨、覆、惱、嫉、慳、誑、諂、害、憍、無慚、無愧、掉舉、昏沉、不信、懈怠、放逸、失念、散亂、不正知〕。

㉑ 心所（mind-object）：就是唯識宗所謂的「心所有法」。心所從屬於心，指與心相應的各種精神活動。

㉒ 靴帶理論：由物理學家邱爾所提出。該理論不承認物質的基本組成要素，徹底放棄了基本粒子的思想，而且也不承認任何基本的常數、定律和方程式，把宇宙和生命看作相關事件的動力學網絡。

㉓ 《華嚴經》：全名《大方廣佛華嚴經》，大乘佛教要典之一。大，即「包含」之義；方，即「軌範」之義；廣，即「周遍」之義。「大方廣」表示所證之法，「佛」為證此法理之人，「華嚴」二字就是以花（華）來莊嚴佛（佛法）的意思。《華嚴經》雖出於印度，然尚未發揮本經最高的玄旨，直至中國成立華嚴宗，才發揚其真義。

㉔ 可參考 Fritj of Capra，《物理之道 CD 近代物理學與東方神祕主義的類同探索》（*The Tao of Physics: An Exploration of the Parallels Between Modern Physics and Eastern Mysticism,* Boston：Shambhala New Science Library, Second Edition, 1985）。

㉕ 互即互入：華嚴宗教義之一。意謂宇宙萬象互融無礙的作用，其間保持著無限密切的關係。「互即」指一與多的關係，無一則不成多，由多必有一，一與多乃是密切不離者。「互入」即是一的作用牽動全體並給予影響，全體的作用是自一而始，故知二者具有密切不離的關係。

㉖ 曹洞宗：禪宗五家七宗之一，以洞山良价（807～869）為宗祖。本宗宗風以「綿密」著稱，師徒接引強調循循善誘，境界層次分明，恰如農夫下田的精神細作，所以有

「曹洞農夫」的脫法，坐禪則講求默念不動。

㉗ 參考道元禪師（Dogen）《露珠上的月亮》（*Moon in a Dewdrop*），Kazuaki Tanahashi 編（Berkeley：North Point, 1985），第 314 頁。

㉘ 雖然在哥本哈根的量子物理詮釋（Copenhagen interpretation of quantum theory）中，觀察者與被觀察者是不可分割的，但大部分科學家並不採信這種說法。

1920 年代在哥本哈根，一群以波爾〔Niels Bohr, 1885～1962〕為首的物理學家，對量子理論提出詮釋，認為在原子本身就具有粒子和波這兩種特性（波粒二象性），完全依據觀察者採取不同的實驗方法，就會出現不同的結果。這就是所謂的「哥本哈根的量子物理詮釋」。

㉙ 《四念處經》：南傳佛教經典，內容是關於佛陀教導禪定的基本教法。四念處，又名四念住，即身念處、受念處、心念處、法念處。身念處是觀身不淨；受念處是觀受是苦；心念處是觀心無常；法念處是觀法無我。這四念處的四種觀法都是以智慧為體，以慧觀的力量，把心安住在道法上，使之正而不邪。

㉚ 論藏（*Abhidhamma*）：音譯阿毘達磨，經、律、論三藏之一。也就是明示教法之意，將經典所說的要義加以分別、整理或解說，就稱為「論」；簡單地說，就是詮釋佛教經典的著作。

㉛ 馬丁‧布伯（Martin Buber, 1878～195）：二十世紀著名猶太神學家、哲學家，與祁克果（Soren Aabye Kierkegcard, 1813～1855）、尼釆（Friedrich Nietzsche, 1844～1900）並列為存在主義思潮的鼻祖。

㉜ 「客觀的（objective）與主觀的（subjective）這些詞彙只用於指稱特定的事物。我們透過量子力學得知，沒有全然客觀的現象存在；也就是說，沒有獨立於觀察者的心靈而存在的現象。相對地，所有主觀的現象都呈一種客觀的事實。」Brian D. Josephson，《科學與心智》（*Science et Conscience*, Paris: Stock, 1980）。

我希望你不要將我的話語化為概念，

一些放置在內心貯藏的新概念。

我不想給你們任何東西，

我只想為你跳舞，像隻蜜蜂。

若是你看見了什麼，你必須了解，

這是你自己看見它；

它就在你心中，

而不是在我的舞蹈裡。

第二章 | 你 得 自 己 去 看 見

別將自身的命運交託他人之手

某夜，我到山丘上散步後返回隱修的小屋，發現小屋的門窗都被風吹得洞開。我出門時並未將門窗鎖緊，所以冷風灌進屋子，吹開窗戶，把書桌上的紙張吹得滿屋都是。我馬上關好門窗，把燈點亮，拾起散亂一地的紙頁，整齊地排放在書桌上。然後我在壁爐間生起火，很快整個房間又充滿溫暖。

有時置身人群中，會感到疲倦、冷漠和寂寞。我們或許會希望能靜靜地獨處，讓自己再次感到溫暖，就像我在小屋中，坐在爐火邊，不受外頭濕冷寒風的侵擾。

我們的感官猶如與外界接觸的窗戶，有時強風灌入，擾亂內心的世界。許多人往往長期讓感官的窗戶洞開，任由外在五光十色的現象侵犯滲透，將悲傷、困惑的自我暴露在這些刺激之中，讓我們覺得非常寒冷、寂寞和害怕。

你曾有觀看某個可怕的電視節目卻不想轉台的經驗嗎？那些刺耳噪音、槍彈爆炸聲都令人感到心煩意亂，但這時你卻不願起身關掉電視。我們為什麼要用這種方式折磨自己？你難道不想關上自己的感官之窗？你害怕孤獨嗎？那種在你獨處時內心所湧現的空虛和寂寞。

　　我們對這世界的感受和理解，正形塑了我們的存在。我們如果是憤怒的，我們就呈顯出憤怒；我們如果充滿愛心，我們就是愛；如果凝視著白雪皚皚的山峰，我們就是那座山；觀賞劣質的電視節目，我們就是那個電視節目；在做夢時，我們即是夢。

　　即使沒揮舞魔杖，我們仍能隨心所欲成為任何事物。所以，我們為何要讓自己的感官毫無選擇地接受那些惡劣的電影和電視節目，它們出自一心只想賺大錢的煽情製作人之手，只會刺激我們血脈賁張、心臟狂跳，看完後使我們全身疲憊。是誰容許這類劣質電影和電視節目大行其道？尤其是為迎合非常年輕的觀眾。

　　是我們！我們要求的標準實在過低，太輕易就接受電視頻道所提供的任何節目，我們太寂寞、懶惰或厭煩，不願去創造自己的生活。我們打開電視後就看個不停，容許他人牽著我們的鼻子走，形塑我們的心智，並且毀滅我們。

　　以這樣的方式喪失生命主權，是將自己的命運交託於他人之手，而這些人的所作所為可能不會對你負任何責任。因此，我們必須察覺哪些節目會損害我們的神經系統和精神心靈，而哪些節目和影片對我們有益。

我們對這世界的感受和理解，正形塑了我們的存在。

075

讓你的窗戶開著，隨時迎接生命中的奇蹟

我談的不只是電影和電視節目。環顧周遭，有多少由同伴和自己所設下的誘惑？每天我們有多少次因為它們而感到迷失與心神散亂？

我們必須非常謹慎保護自己的命運和內心的平靜。這並不表示要關閉所有的窗，因為在我們稱為「外面的」世界裡，有許多神奇的事物。讓你的窗戶開著，隨時迎接這些生命中的奇蹟。讓自己帶著覺知的亮光注視周遭所有的事物。

不論是坐在一條清澈的潺潺溪流邊，聆聽美妙的樂音，或是觀賞一部電影佳作，請別將自己全然交託給溪流、音樂或影片。繼續覺察自我和自己的呼吸。只要覺知的太陽在我們內心閃耀，就能夠避免大部分的危險——溪流將更純淨，水聲愈加和諧，而影片也能完全彰顯藝術家的靈魂。

初學禪修者或許會想離開城市的喧囂，避到靜謐的鄉間，好使心靈不受到干擾。他可以在那兒與寧靜的森林合而為一，重新發現自己、重整自己，而不會被「外面的世界」牽著鼻子走。清新又靜默的森林有助於保持正念。

當覺知的根基穩固，能夠毫無遲疑地保持覺知，這時你或許會想回到城市裡，而且內心也比較不受干擾。但在達到這樣的程度前，必須非常小心，要時時刻刻滋養你的覺知，選擇最能夠幫助你的環境和支持。

學習讓感官之窗收放自如

如果你是專業評論家，就會帶著審視的眼光來閱讀一本書或看一部電影。在閱讀或觀賞時，你了解身為評論家的責任，不會讓自己淪為這本書或電影的「受害者」。你依然能掌握自己。當你安住於覺知中，也保持能自我節制的狀態。雖然你接觸外在世界的窗戶是開放的，但卻不會受其擺布。如果我們需要保護自己的覺受，那是因為你還沒強壯到足以完全面對世界，猶如感冒或著涼的人因為體質太單薄，不能夠沖冷水澡。

我記得某日在錦囊出版社，那是我們幾個人在越南成立的小出版社，有人請我談談藝術和文學。我說，它們必須兼具揭露與療癒功能。揭露代表呈現人們與社會的真實情況；療癒則是指出治癒的方法。

佛陀常被稱為大醫王，因為他視不同的人和情況而隨機教化。悉達多太子 ① 當年曾在森林裡隱修，在一條

如果我們需要保護自己的覺受，那是因為你還沒強壯到足以完全面對世界……

溪邊靜坐許多年後，才又回到紅塵世間。如今我們生活在喧囂又充滿污染的社會，放眼盡是不公義之事，但我們可以在公園或河邊休憩片刻。

當代的音樂、文學和娛樂對療癒沒什麼幫助，其中有許多作品反而混雜著眾人皆能感受到的苦痛、絕望和厭倦。我們必須找出保護自己的方法，學習在適切的時機讓感官之窗收放自如。這是禪修初學者的第一步。

我發現自己需要適合的環境和對象，以及能增進快樂、平靜和健康的東西。它們在哪裡？它們仍舊在「外面的世界」。森林中的一條溪澗、孩子的眼睛、一位好友、一本很棒的書、一場音樂會、健康美味的一餐，我知道這些東西俯拾可得，但缺乏覺知，就無法完全享用和欣賞它們。

整個社會可以因一個人平靜的存在而改變

當我們坐在小溪邊，耳聽嘩嘩如笑語的水聲，觀賞飛濺的晶瑩水花，眼見水中閃爍的小鵝卵石和溪旁鮮綠的植物，這時內心可能感到無比欣悅。因為我們與溪流的清新、純淨和澄澈是一體的。

但轉眼間，我們可能就覺得厭煩了。我們的內心充

滿困擾，思緒牽纏著其他事物，不再與溪流合而為一。若你的心失落於紛擾紅塵，那麼端坐於寂靜森林也無濟於事。

當我們與孩童或朋友為伍時，他們的清新和熱情能讓我們身心放鬆；但若是你心猿意馬，忽視他們珍貴的存在，那他們便不存在了。我們必須覺察他們存在的價值，讓他們成為我們快樂的泉源。

如果由於輕率和疏忽，使我們內心感到不滿，對他們要求太多或訓斥他們，那他們將會離去。等他們走了之後，我們才心生懊悔，真正發現他們的可貴；一旦人去樓空，追悔便已成惘然。

在我周遭充滿了各種生命的奇蹟——一杯水、一道陽光、一片樹葉、一隻小毛蟲、一朵花、笑聲和雨滴。若你保持覺知，隨處都可見到奇蹟。每個人都是奇蹟的綜合體。我們的眼睛能看見各種形狀和顏色；耳朵聽得見蜜蜂振翅和雷鳴的聲音；大腦可以冥思一粒塵沙猶如整個浩瀚宇宙；心跳的節奏與萬物的律動和諧一致。當我們每日為生活艱辛奮鬥而感到厭倦和沮喪時，或許不會留意到這些奇蹟，但它們一直都在那兒。

看看院子裡那棵蘋果樹吧！全神貫注地瞧著它，它真的是個奇蹟。如果你注意到它，就會好好照顧它，而

若你的心失落於紛擾紅塵，那麼端坐於寂靜森林也無濟於事。

你也會成為奇蹟的一部分。即使只是照料一個星期,它的樹葉也會變得更鮮綠閃亮。對待你周遭的人也是如此。在覺知的影響下,你變得更為警醒、善解人意和慈愛,你的存在不僅豐富了自己,讓你更加可愛和吸引人,也使別人看起來更美好。整個社會可以因一個人平靜的存在而改變。

我們的心創造了萬物。當你觀照覆蓋著皚皚白雪的壯麗山峰時,會發現它就是你自己。它的存在端視你的覺知。當眼睛閉上,只要你的心在,那山就會在那兒。當我們關閉感官之窗靜坐時,會感受到整個宇宙的臨現。為什麼?因為那顆心在那兒。若你閉上眼睛,就會看得更清楚。外界的五光十色並非你的「敵人」,你的「敵人」是缺乏覺知,是失去正念。

我們就是自己所呈現的事物

就在我寫作的同時,法國的勞工們正在為爭取每週工作時數由四十小時降低為三十五小時而努力。他們艱辛奮鬥才達到目的,但是他們將如何利用這多出來的五個小時?他們如果利用這些時間的方式跟平常星期六夜晚一樣,是在酒吧裡或電視機前度過,那真是一種可怕

的浪費。

我們都需要時間休息和生活，但該如何生活？通常當我們閒暇時，就會毫不選擇地看電視，只為了避免「無事可做」，因為這意味著我們獨自在家。看電視可能讓我們感到更疲倦、緊張、不平衡，但我們極少注意到這些後果。我們努力爭取而得的閒暇時間，就被電視公司和各種廣告產品占領，結果我們就被它們殖民了。我們應該利用這些寶貴的時間來休息，讓身心安樂。

我們能選擇優質的電視節目來觀賞、到風景秀麗的地方走走、跟好友相聚，或是選擇適合自己的書籍和唱片。因著這些事物，我們可以用輕鬆、滿足的方式生活。請記得，我們就是自己所呈現的事物。

你曾於旭日初升時在海邊，或是正午時置身於山巔嗎？你可曾盡情伸展四肢，深深地呼吸，讓你的肺充滿純淨、清新的空氣，享受那毫無拘束、天地悠悠的無限感？你是否感覺到彷彿自己正是那天空、海洋和山？若是距離海洋或高山過於遙遠，你可以盤腿靜坐，緩緩地深呼吸，那海洋、高山和整個宇宙都會進入你心中。

外界的五光十色並非你的「敵人」，你的「敵人」是缺乏覺知，是失去正念。

別讓覺知和覺知的對象分離

　　所謂覺知，就是覺知某一事物。當心靈安住於高山，就成為那座山；當它安住於海洋，即變成海洋。當我們說「知道」時，被知者（所知）和知者（能知）都包含在內。當我們諦觀自己的身體，我們即是自己的身體；但我們的觀察習慣僅限於自己的身體，雖然我們了解自己的身體與整個宇宙不可分割。

　　如果我們靜觀無限的空間，那我們就變成無限的空間（空無邊處）；如果靜觀那包含空間和時間的意識，我們就進入無限意識的狀態（識無邊處）；如果靜觀萬物的無有分別相，便進入空無所有的狀態（無所有處）；若靜觀知者和被知者之間的無分別，就進入「既非有念也不是無念」的狀態（非想非非想處）。只要覺知時時照耀著心的每個動作，意識的四無色定 ② 並不如你所想像是那麼困難到達的境界。

　　或許你想體驗其中的滋味，無論哪一種都可以，關鍵在於絕不要讓「覺知」和「覺知的對象」分離。只要保持覺知，身體、山峰或河流都會成為你的心。

我們的困惑來自於區分內與外的二元對立觀念

你或許已注意到，每當我使用「外在世界」一詞，都會加上引號，因為對我而言，它並非真的是「外面」。好好思考一下：這個世界真的在你身體之外嗎？它在你的心靈之外嗎？我們的身體——血、肉、骨頭——都屬於這個「外在世界」。事實上，我們的腦和神經系統當然也不例外。構成大腦數百平方厘米的面積，或許會被認為是在「裡面」。但事實並非如此，腦部所在的「空間」，是「外在世界」的一部分，不是嗎？

我們的心屬於「內在」世界嗎？心在「內在世界」的哪裡可被找到？你能指出它的所在位置嗎？不行，你唯一能做的事是觀察，觀察「心正在觀察自身」。請試著直視自己的心靈，彷彿它是某種有形的東西。

我們知道心靈和大腦與神經系統是相關聯的，是記憶、感情、思想、知覺、知識之所在。這些心理現象有其生理學上的基礎，生生滅滅，自有其可測量的強度。但是我們能在時空坐標中找到這些心理現象的位置嗎？

從空間上來說，神經系統是心理現象的活動基地；由時間上來看，心理現象可以在過去、現在或未來發生。所以，心本身可被視為所謂「外在」世界的一部

只要保持覺知，身體、山峰或河流都會成為你的心。

分。再繼續審視下去，你將發現，每件事似乎都屬於
「外在」世界。但外在世界在什麼之外呢？若沒有「內
在」，又怎麼可能有一個「外在」呢？

　　不過，先別遽下結論，認為「外在」世界就在我們
心中，所以心涵括了整個宇宙。因為這個結論仍然認為
有「內」與「外」之別。

　　「萬物皆在心中現，心之外無一物。」這種說法就
跟「外在世界為心所造」一樣荒謬。

　　我們的困惑來自習於區分「內」與「外」的二元對
立觀念。雖然在日常生活中，這種區分是必須的。我們
如果待在室內，即使是寒冷的冬天，穿得輕便也感到舒
適；但如果身在室外卻沒穿得保暖，可能就會感冒。諸
如高低、多少、來去、生死等概念，在日常生活中都很
重要。但當我們脫離實際事物的範疇去觀察宇宙的實相
時，就必須將這些概念拋諸腦後。

　　例如，當你抬眼仰視星辰和月亮，你說它們是在
「上方」；但對於同時間位於地球另一端的人而言，你所
注視的方向卻是「下方」。當我們放眼整個宇宙時，就
必須揚棄所有高低等等的概念。

對禪修者而言，首要之事即放棄概念

對禪修者而言，首要之事即放棄名相概念。我們觀察自己的身體、覺受、思想和知覺時，一如我們觀察物理現象，是將它們置於空間與時間之中觀察，因此，我們會看見心理現象，以及物質、生理學上的現象。

你或許會問：「當心成為自己的觀察對象，這個被理解和掌握到的對象究竟是心的本身，抑或僅僅是心的投影或反映？」這是個好問題。

你或許還想問：「當生理或物質現象被當做觀察對象時，它們還能夠保持真實的本性，或因成為被觀察的對象而被轉化，變成只是真實本性的投射或反映？」

我們的心創造各種概念類別：時和空、上和下、內和外、人和我、因和果、生和死、多和少，並且在審視它們以及試圖找出其真實本性之前，把所有生理和心理現象歸類成各種概念性範疇，這就像在許多不同形狀和尺寸的酒瓶中注入水，想要藉此找出水的形狀和體積。

實相本身是超越這些概念，所以你若是想要洞徹實相，就必須打破日常生活使用的所有概念性範疇。

相對論 ③ 宣稱，若不揚棄時間和空間是絕對且彼此孤立的想法，在理解宇宙時就無法有所突破。

> 若不揚棄時間和空間是絕對且彼此孤立的想法，在理解宇宙時就無法有所突破。

量子理論 ④ 則指出，若想了解比原子更小的粒子世界，就得拋掉日常生活中極管用的物質與虛空、因與果、前與後等概念。

禪修所揭示的並非真理的概念，而是真理的直觀

當今的量子物理學家了解到，「觀察者的意識」與「被觀察的對象」關係極密切，並且他們的注意力愈來愈集中在意識上。一九七九年，「法國文化」（France-Culture）組織在西班牙的科鐸巴（Córdoba）舉辦為期一週的會議，主題為「心智與科學」（Mind and Science）。許多知名學者都出席會議，其中有些人堅信，世界與心靈具有相同的本質。

雖然有些科學家已經了解心的基本特性，但恐怕仍有許多人是抱著觀察實驗對象的態度來研究心；因此它不再是心，而是其投影或反映，已受到概念的建構。請記得《四念處經》中所言：

觀身如身，
觀受如受，
觀心如心，

觀法如法。

這表示你必須安住於軀體之中來全面覺照身體，而不是將身體當做和自己漠不相干的對象來研究。同樣地，安住於覺受（受）、安住於心的對象（法）來覺照它們，切莫研究它們。

當我們禪觀自己的身體，如實地與它同在，並賦予最清明的注意力時，我們將與它合為一體。花朵盛開是因為陽光溫暖地撫觸花苞，花朵與陽光合而為一。

禪觀所揭示的並非真理的概念，而是直接見到真理。我們稱為「領悟」，乃是基於止和觀所產生的了知（般若智慧）。

思惟，就是從記憶庫中搬取概念的爐渣磚來建造不朽的建築，我們稱這些陋室屋和宮殿為「思想」。但這類思惟本身並沒有創造性的價值，唯有當思惟被般若之光點燃，才獲得真正的價值。般若智慧並非思惟的產物，而是長時間保持覺知的結果。

思想有時能轉譯般若智慧，但往往太過死板和侷限，以致無法傳遞太多般若智慧。有時，一個眼神或笑容所表達的般若智慧，更甚於千言萬語或思想。

有時，一個眼神或笑容所表達的般若智慧，更甚於千言萬語或思想。

087

語言和文字只是用來傳遞訊息的工具

你曾看過有關蜜蜂的書或電影嗎？當工蜂發現一片覆滿花朵的山丘，會飛回蜂巢告知同伴花朵的正確位置，而牠是以蜜蜂之舞來傳達這個訊息。牠甚至能夠引導蜂群到達極遙遠的地方。費里契 ⑤ 在研究過蜜蜂的舞蹈語言後，向我們揭露了其中的奧祕 ⑥。

人類也知道如何跳舞。有些人以身體來舞蹈，有些人則以彩筆或音樂來表達。即使文字和語言，也和舞蹈的律動、歌曲的音符和繪畫的筆觸一樣，都只是用來傳遞訊息的工具。它們的技巧或許有深淺之別，詮釋想法的方式可能也有好壞之分，但這技巧不僅掌握在藝術家的巧手或演說者的口才，接收者也必須懂得這種技巧和有足夠的理解力。

使用語言文字尤其難以跳脫概念的範疇，即使演說者有技巧地避開概念範疇，但聽眾依然會落入概念範疇的陷阱。還記得那些空瓶子嗎？在裝滿東西之前，它們已有明確的形狀和尺寸。禪修者經常被告誡切莫使用語言文字，這樣做並非貶低語言文字，而是避免執著語言文字的危險。這是鼓勵我們為了讓聽眾聽懂，在使用語言文字時要儘量有技巧。

第二世紀時，龍樹菩薩 ⑦ 在他的作品《中論》中，運用概念來摧毀概念。他並不是想創新教義，而是要打破所有的瓶子、酒瓶、花瓶和容器等，以證明水的存在是不需要任何形狀的。他為我們編出一支舞，一支可以讓我們擺脫各種名相概念和文字蔽障的舞，於是我們能直接面對實相，不再滿足於反映的倒影。

智慧，是努力不受知識束縛的結果

偉大的科學發現乃源於智慧而非思惟的呈現。科學家們的工具不僅是智力和實驗室，他們整個靈魂都沉浸於工作中。智慧為心靈準備好沃土，並在其中播灑種子。在種子發芽前，智慧只能靜觀其變，企圖揠苗助長只是徒然掙扎。

然後，在出其不意的時刻，種子在智慧中茁壯。由於科學家事先「孵育」它們，所以這些時刻往往都會降臨。不論行住坐臥間，科學家都在腦中「孵」這個問題，直到解答「突然靈光一現」。

新發現會打破固有知識的藩籬，而有「智」之士也必須毀掉舊有的架構去建造明天的新氣象。舊知識是通往新智慧的障礙，也就是佛教所說的「知識障」。偉大的

禪修者經常被告誡切莫使用語言文字，這樣做並非貶低語言文字，而是避免執著語言文字的危險。

科學家猶如覺者，內心也經歷過巨變。如果他們能夠獲得甚深的了悟，那是因為他們的觀察、專注和覺知的能力都高度開發。

　　智慧，並非知識的累積，相反地，是努力不受知識束縛的結果。智慧粉碎舊知識以迎接更能契合實相的新知識。當哥白尼 ⑧ 發現地球繞著太陽運行，使當時大部分的天文學知識都必須捨棄，包括天在上、地在下的觀念。

　　今日的物理學正勇敢地奮鬥，希望擺脫古典科學所強調的恆等式和因／果觀念。科學就像「道」一樣，強烈要求我們拋棄所有預設的觀念。

　　當釋迦牟尼提出「無我」的觀念，他推翻許多有關生命和宇宙的概念。他嚴厲批判一般人最堅固和廣泛的認知──即有一個「永恆自我」的存在。

　　凡是了解「無我」意義的人都明白，其作用在於推翻「自我」，而不是以新的實相概念來取代。「無我」的概念是一種手段而非目的，如果它淪為一種概念，就必須跟所有其他概念一樣被摧毀。

般若智慧，是一種直接而當下的融入

　　般若智慧常被人類用概念、思想和文字來描述。但是般若智慧不是零散知識的聚集，而是一種直接而當下的融入。在感覺的領域，是覺受（受）；在知性的領域，是知覺（想）。智慧不是理性思惟的頂點，而是一種直覺。它無時無刻在我們身上展現，而我們卻無法以語言、思想或概念來描述它。「不可名狀」正是這種境況的寫照。

　　在佛教中談及這類的了悟，也是「不能以理智推演、討論，或納入任何教義和思想體系之中的」。

「知曉」，遍存於所有生物

　　我們為人類所獲得的知識成就沾沾自喜，這些知識，是自人類還從「無機物」進化到「有機物」的遠古時代，即開始流傳的珍貴遺產。當我們討論「知曉」（knowing）時，立即想到擁有發達大腦的人類，而忘了知曉乃遍存於所有生物，就連我們視為無生命的東西也有知曉能力。

　　蜜蜂、蜘蛛和黃蜂當然屬於具備高度技巧的生物，

「無我」的概念是一種手段而非目的，如果它淪為一種概念，就必須跟所有其他概念一樣被摧毀。

091

牠們擅長構築精巧的結構。瞧瞧蜂窩或蜘蛛網，我們承認牠們具備非凡的能力，但卻說：「這些生物不懂如何思考；牠們不會解數學；牠們不懂計畫和企畫。牠們沒有智慧，有的只是本能罷了。」

然而，並非人類把這些蜂巢和蛛網賜給牠們，而是這些微小的「無腦」生物自己設計和建構出那些令人讚嘆不已的偉大建築。若牠們不知曉，那誰知曉？牠們是知曉的。這些物種在其進化過程中已經獲得這種知識。

當我們觀賞植物時，也能夠見到「知曉」的奇蹟。蘋果樹知曉該如何生根，長出枝葉、花朵和果實。而你們卻說蘋果樹沒有智力，沒有其他的選擇。但你身上的肋骨、腺體、脊椎等，這些難道是你以自己的智力所創造出來的嗎？

這一切都是「知曉」在發揮作用，它涵括萬物，包含我們的思考能力。

智慧無處不在，永遠展現在世人面前

讓我們拋開自我的觀念，使用一種沒有主詞的語言。例如，我們說：「It is raining.」（在下雨。）這個「it」（它）是主詞，但實際上並沒任何意義。我們可以

說：「The rain is falling.」（雨落下來了。）「Rain」是主詞，「is falling」（落下來）是動詞。但這句子也沒說明更多的道理，因為下雨時必然會有水落下來，否則就不是雨了。因此我們可以說：「Raining in London.」（倫敦在下雨）或「Raining in Chicago.」（芝加哥在下雨）而不須用到主詞，也能清楚表達事實。

讓我們以這種方式使用「know」（知曉）這個字。「Knowing in the person.」（這個人知曉。）「Knowing in the bee.」（蜜蜂知曉。）「Knowing in the apple tree.」（蘋果樹知曉。），這些句子聽起來很奇怪，因為在英語的使用習慣上，我們習慣使用主詞。

「Know」（知曉）這個字在這兒可當主詞或動詞。就像「Raining in London」（倫敦在下雨）或「Raining in Chicago」（芝加哥在下雨）中的下雨，如果「Raining in London」（倫敦在下雨）表示倫敦有雨，那麼「Konwing in the person.」（這個人知曉）表示這個人有知，這沒有什麼不清楚的！在我心中，智慧無處不在，永遠展現在世人面前。

Knowing in Fred（佛瑞德知曉）、Knowing in Rachel（瑞秋知曉）、Knowing in a bee（蜜蜂知曉）、Knowing in an appple tree（蘋果樹知曉）、Knowing in nothingness

讓我們拋開自我的觀念，使用一種沒有主詞的語言。

（虛空知曉）、Knowing in the Milky Way（銀河系知曉）。
若我們能說：「Raining in Chicago.」（芝加哥在下雨），
那麼就沒理由不能說：「Knowing in the blue sky.」（藍天
知曉）。⑨

　　禪師在指導修練無我的禪七時，可能會要求禪修者
只能使用這種沒有主詞的語言。我堅信這種方法能帶來
極佳的效果。

我們自己把「心」落入概念的陷阱中！

　　讓我們暫且以一支舞自娛，以使自己更深刻理解
「知曉」。假設我說：「我知道有風。」「我」指的主要是
我的「心」而非身體，所以，這個句子真正的意思是：
「我的心知道有風。」心是那位知者（knower），所以實
際上我們是在說：「知者知道風很大。」「知者」是主
詞，「知道」是動詞，「風很大」則是受詞。但「知者
知道」（the knower know）這種說法很好笑，不是嗎？

　　我們認為，「知者」是一個獨立於所觀察對象的實
體，棲息在腦中，為了了解外界到底發生了什麼，就進
入「外面世界」做短暫瀏覽。就像用尺丈量東西，我們
也把自己的「心」套進由心本身所創造的預設模式中。

因此,所謂的「心」,是既不純淨又不真實的心,它已落入概念的陷阱之中。

實相,是無法被概念捕捉到

當我們說:「我知道風在吹。」我們並不認為有某個東西在吹其他東西。「風」隨著「吹」存在,若沒有吹的動作就沒有風。知曉的情況也是如此。心就是知者,知者便是心。我們是在談「知曉」與「風」的關聯。「知曉」是去明白某些事。知曉與風不可分離,風與知曉是一體的。

我們可以說「風」就夠了。「風」的存在暗示了「知曉」的存在,以及「吹」這個動作的存在。若把「我知道風在吹」這個句子濃縮成只剩下「風」,就可以免去文法上的錯誤,並且更趨近真實。

日常生活裡,我們已習於某種思考和表達模式,因而在認為萬物都是彼此獨立存在的認知基礎上思考和表達,而這種思考和說話的方式,使我們難以穿透幻相,難以進入非二元對立、無分別的「實相」——無法用名相概念表達的「實相」。

就像用尺丈量東西,我們也把自己的「心」套進由心本身所創造的預設模式中。

每個行為都是行為本身的主體

The wind blows（風吹）、The rain falls（雨落）、The river flows（河在流），在這些句子中，我們可以清楚看到主詞與動詞是同義的。沒有風不是在「吹」，沒有雨不是在「落」，沒有河流不是在「流」。若我們仔細看，就會見到行動的主詞就在行動中，而行動本身正是主詞。

最常見的就是「to be」這類動詞如：I am（我是）、You are（你是）、the mountain is（山是）、a river is（河是）。「to be」（是）這類動詞並沒表達出宇宙活生生的動態。若想要表達這層境界，我們必須說「變成」（become）。這兩個動詞也能夠當做名詞使用：「being」（當下是）、「becoming」（正在變成是）。但是（當下是什麼）being what？（正在變成是什麼）becoming what呢？「Becoming」（正在變成）意味著「無止盡地發展」，與「to be」（是）這類動詞同樣通用。我們不可能在表達現象的「being」（當下是）和「becoming」（正在變成）時，把它們當做彼此不相干的現象。在風這個例子中，「blowing」（吹）就是 being（存在的狀態）和 becoming（正在變成某種存在的狀態）；對雨而言，它的 being（當下存在的狀態）和 becoming（正在變成某種

存在狀態）是「落下」；對河流來說，它的 being（當下存在的狀態）和 becoming（正在變成某種存在的狀態）就是「流」。

我們說「rain falls」（雨落下了），但「fall」（落下）並非最精確的詞彙，雪花、樹葉甚至輻射都是以「fall」（落下）為動作。若我們說「to rain」（下雨），對於「雨」這個主體的活動反而是更精確的描述。我們可以說「the rain rains」來描述下雨，這時「rain」（雨）同時當做主詞和動詞。或者我們只說「raining」（下雨），甚至是「rain」（雨）。

同理，我們可以說，「The painter paints.」（畫家畫畫）、「The reader reads.」（讀者閱讀）、「The medita-tor meditates.」（禪修者禪修）。依此模式，我們還能說「The king kings.」（王王）、「The mountain mountains.」（山山）、「The cloud clouds.」（雲雲）。

國王之所以為國王是因為是國王（to be king），扮演好國王的角色（to act king）；山之所以為山因為是山（to be mountain）、扮演如山的角色（to act mountain）、行為舉止有山的樣子（to do mountain）。「Acting-being」的國王，表示去做一個國王該做的事——統治百姓、接見貴賓，以及許多其他的事。所以，依照「rain rains」

若我們仔細看，就會見到行動的主詞就在行動中，而行動本身正是主詞。

（雨雨）的例子，我們可以只說：「The king kings.」（王王）第一個字當做主詞，第二個字視爲動詞來使用，而這個動詞不具普遍性，只限用於國王這個主詞。如此一來，每個主詞都成爲動詞，而動詞則是主詞的存在狀態。

聽起來，「the painter paints」（畫家畫畫）似乎比「the king kings」（王王）順耳，但事實上兩者並無區別。久遠以前，孔夫子也使用過這類語言，他說：「君君，臣臣，父父，子子。」意思是說，「君王的作爲要像君王」、「臣子的作爲要像臣子」等。我們還能更進一步詮釋，像是「君王必須恪盡君王的責任」或「君王必須盡忠職守」，但到頭來，這些附注和潤飾都沒說明什麼。當我們見到每種行爲都是行爲本身的主詞時，就會開始領會「知曉」這個字無限的應用性。

無生物呀，你們有靈魂嗎？

我們早已習於從覺受（受）和知覺（想）的角度來看待「知曉」，所以，凡是無生物都被我們貼上「無生命的、沒感覺的、缺乏智力的」等標籤。但這只是從我們的眼光看來，它們是無生物。岩石是由無數分子所組

成，而分子又是由無數原子和比原子更小的微粒子所構成，這些粒子全都因電磁力和原子核力而聚合。

　　原子並非無生命或不能移動的實心物質，而是一個巨大的空間，能容納無數的粒子（質子、中子和電子等），這些粒子並以極快的速度毫不間斷地運動。它們為何以這種方式運作？我們還能說一塊岩石是「無法移動、無生命、無感情的嗎」？法國詩人拉馬丁 ⑩ 曾說：「無生物呀，你們有靈魂嗎？」⑪ 若是依照我們的觀念和想法來判斷，它們無疑是沒有生命，或至少是無法顯現生命樣態的；但是，就實際上所展現的充滿活力與生命力而言，它們當然有生命！

這個律動和生命是一種宇宙性的宣言

　　「知曉」以許多方式展現自身，凡有聽聞、觀看、感覺、比較、記憶、想像、反省、憂慮和希望之處，「知曉」就很活躍。佛教的唯識宗特別鑽研「意識」（識）的領域，認為人類還有許多的活動都是屬於「知曉」的範疇。

　　例如，在阿賴耶識 ⑫ 或「貯藏所意識（藏識）」中，「知曉」的活動範疇就是「維持、保存和展現」。根據唯

當我們見到每種行為都是行為本身的主詞時，就會開始領會「知曉」這個字無限的應用性。

識宗的看法，所有的感受、知覺、思想和知識都是從這基本的貯藏所意識中生起。

末那識 ⑬ 知曉的一種方式，它奠基於阿賴耶識，功能就是緊抓著阿賴耶識當做「自我」。

意識 ⑭ 則是掌理所有感受、知覺、思想的總部，並盡其所能地創造、想像和分析實相。

阿摩羅識 ⑮ 則是猶如照耀在阿賴耶識上的純淨白光。⑯

不論心理、生理或物質層面的現象，都充滿活力的律動，也就是生命。我們可以說，這個律動和生命是一種宇宙性的宣言，是「知曉」最常見的作為。千萬不要將「知曉」視為某種隨呼吸進入宇宙內的外來物。它就是宇宙的生命本身。舞蹈與舞者是一體無分的。

重要的是必須「看透」實相，而不是去理解我所說的話

你知道，我說了這麼多，並非為了娛樂嘉賓而說些逗趣、戲耍式的言語。這些話是要用來擊碎我們因襲平日生活所產生的的習性和令人困擾的思考方式。這些話語猶如鑿子、鐵橇和斧頭，能夠劈碎家具或把樹幹劈成柴火。在劈木頭時，我們必須將斧頭砍入裂縫，然後錘

擊木頭讓它碎成兩半。同樣地，閱讀這些話語可能也在你內心打入一個楔子，但能否擊破，就看你的興致和禪修功夫了。

若你對我所說的話不明白，或許是因為你還不習慣以這種顛覆的方式來看世界；或者是第一次有人鼓勵你以無分別心來審視實相；也可能是我的舞蹈仍然過於笨拙。這都沒有關係，我們可以再試著找其他方式。我們如果無法穿越某扇修行之門，還是有許多其他方式可以嘗試。

佛教說，有八萬四千種法門可契入法味。我想，我們還必須創造出更多的方法。重要的是必須「看透」實相，而不是去理解我所說的話。我的話語僅僅是一種暗示，是一根指頭，指向喚醒覺知之舞的提示，你還是必須張大你的眼睛，以全然的覺知親眼去看。

我希望你不要將我的話語化為概念，一些放置在內心貯藏的新概念。我不想給你們任何東西，我只想為你跳舞，像蜜蜂一樣地跳舞。若是你看見了什麼，你必須了解，這是你自己看見它；它就在你心中，而不是在我的舞蹈裡。

請坐到熟睡的孩子身邊吧，仔細瞧瞧那孩子；或走進你的院子，坐在蘋果樹下；或到廚房為自己泡一杯

茶。不論做什麼，請保持全然地覺知、全然地專注，切莫在恍惚之中失落了自己。

請千萬別去想有關與那孩子、樹、那杯茶合而為一的事，完全不須去想。請「親自去體驗」親近孩子、樹和那杯茶的滋味，並在嘴角揚起微笑的花朵。

注釋

① 悉達多太子（Prince Siddhartha）：釋迦牟尼在出家成道之前，原本是淨飯王的太子，名叫悉達多。「悉達多」的意思是一切義成，就是能夠成就一切的善事。

② 四無色定（Four Formless States of Consciousness）：又稱為「四空處定」，即超離世間物質（色法）繫縛的四種境界，是滅除一切對外境的感受與思想的修行，以達到清淨無染、虛空靜寂的精神境界。包括：空無邊處定（akasanantyayatana，指從一切物質色相的觀念中解脫，感受到虛空無限廣大的禪定境界）、識無邊處定（vijñananantyayatana，指擺脫外界虛空的概念，進而體認到內觀意識無邊際的禪定境界）、無所有處定（akiñcanyayatana，指否定意識的作用，而領悟心念其實是一無所有的禪定境界）和非想非非想處定（naivasañjñanasañjñayatana，指捨棄「識無邊處定」認為意識無限廣大的「有」想，而成為「非想」觀法，又捨棄「無所有處定」全然否定心念作用的「非」想，而成為「非非想」觀法，終而達到無思無念的非想非非想境界。

③ 相對論（Theory of Relativity）：物理學家愛因斯坦於 1905 年發表了狹義相對論，指出在宇宙中唯一不變的是光在真空中的速度，其他任何事物——速度、長度、質量和時間，都會隨觀察者特定的觀察環境而變化。

④ 量子理論：1900 年，德國科學家普朗克（Max Planck, 1858～1947）提出「量子」的概念，他認為光並非以持續的流線前進，而由振動的微小粒子構成，這些粒子就是量子，為量子理論奠定基礎。後來陸續由愛因斯坦、波爾等科學家建立更完整的量子理論。量子力學是描述微觀世界的基本理論，它能很有效地解釋原子結構、原子光譜的規律性、化學元素的性質、光的吸收與輻射等等方面的物理問題。

⑤ 費里契（K. von Frisch, 1886～1982）：法國動物行為學家，專門研究蜜蜂的採蜜行為，發現蜜蜂是以舞蹈的方式來傳遞訊息。費里契於 1973 年獲得諾貝爾獎。

⑥ 參考費里契，《蜜蜂的舞蹈語言與定向》（*Tanzsprache und Orientierung der Bienen*, Berlin, 1965）。

⑦ 龍樹菩薩（Nagarjuna）：印度大乘佛教中觀學派的創始人。為南印度婆羅門種姓出身，皈依佛教後，大力弘法，又廣著大乘經典的注釋，樹立大乘佛學的體系，使大乘般若性空學說廣為傳布全印度。龍樹菩薩的著作極多，包括《中論》、《大智度論》等，有「千部論主」的美稱。後世基於他所作的《中論》而宣揚空觀的學派，稱為中觀派（*Madhyamika School*），並尊為中觀派之祖。中觀派認為，由世俗的名言概念所獲得的認識，皆屬於戲論範圍，稱為「俗諦」；只有依照佛理而直覺現觀，才能證得諸法實相，稱為「真諦」。

⑧ 哥白尼（Nicolaus Copernicus, 1473～1543）：出生於波蘭，率先發現地球繞著太陽運行的現象，打破長久以來認為地球是宇宙中心的觀念。他將發現所得寫成《天體運行論》（*De Revolutionibus Orbium Coelestium*）一書，但礙於教會勢力，至七十歲才出版。

⑨ 參考大衛 · 波姆（David Bohm, 1917～1992），《整體性和隱秩序》（*Wholeness and the Implicate Order*, London: Routledge & Kegan Paul, 1980），第二章〈on the rheo-mode〉。
大衛 · 波姆（1917～1992）：著名量子物理學家、科學思想家和哲學家。波姆堅持認為，科學的任務不僅在於描述自然，而且在於理解自然；他進行量子力學基礎研究的同時，始終在進行哲學研究。

⑩ 拉馬丁（Alphonse de Lamartine, 1790～1869）：法國詩人。他的詩，特別是代表作《沉思集》（*Méditations poétiques*,1820），予人以輕靈、飄逸、朦朧的感覺，著重抒發內心的感受，不重外界事物的具體描寫，語言樸素，不尚藻飾。《沉思集》被認為是一部劃時代的作品，重新打開法國抒情詩歌的源泉，為浪漫派詩歌開闢了新天地。

⑪ 語出拉馬丁的《沉思集》。

⑫ 阿賴耶識（alayavijñana）：八識之一，即第八識。此識為宇宙萬有之本，含藏萬有，使之存而不失，所以又稱「藏識」。又因其能含藏生長萬有的種子，所以也稱為「種子識」。由於有阿賴耶識才能變現萬有，所以唯識宗主張一切萬有皆緣起於阿賴耶識。

⑬ 末那識（manyana）：八識之一，即第七識。此識恆與我癡、我見、我慢、我愛等四煩惱相應，恆審第八阿賴耶識為「我、我所」而執著，所以其特質為恆審思量。又此識為我執的根本，若執著迷妄則造諸惡業；反之，則斷滅煩惱惡業，徹悟人法

二空的真理。

⑭ 意識（manovijñana）：這裡是專指八識之一，即第六識。依據唯識宗的說法，眼、耳、鼻、舌、身等前五識，各是因緣色、聲、香、味、觸等五種對境而產生，但這五識僅是由單純的感覺作用來攀緣外境，而不具有認識、分別對境的作用；第六意識才具有認識、分別現象界所有事物的作用，所以又稱為分別事識。

⑮ 阿摩羅識（amala）：在唯識宗的八識之外的第九識，又譯為無垢識。人心的本來面目乃是遠離迷惑而本自清淨，所以，如果轉阿賴耶識的迷妄而回歸覺悟的清淨本體，即阿摩羅識。

⑯ 第八識阿賴耶識的功能，在於「保存」那個保存者（maintainer）、被保存的對象，以及被第七識末那識緊抓住視為自我的對象。

阿賴耶識也有保存我們所有種子的功能，即所有事物的本質或能量；以及具有調和的功能，也就是轉化和讓所有業力成熟的功能，於是就有新的物質、心理和生理上的現象生起。

末那識是企圖抓取阿賴耶識的一部分為自我的一種我執。

阿摩羅識是純淨無染的意識──在阿賴耶識不受到末那識的纏縛之後的名稱。

在第四章中對此有詳盡的解釋。

「種子」：物質（色法）與精神（心法）等一切現象都有產生的原因，佛教以「種子」來做為比喻，最早見於《雜阿含經》。「種子」一詞，後來成為大乘唯識學的重要術語之一，在唯識宗的理論中，種子藏於阿賴耶識中。

《華嚴經》說

時間和空間彼此含納，依賴對方而存在

無法透過知識來加以分割

兩千年後

物理學家愛因斯坦所提出的相對論

更證實了時間和空間不可分割的關係

第三章 ｜ 穿越時空的迷思

禪修，不是將自己與思想情感的世界隔絕

　　前幾天下午，當我回到自己的精舍時，由於風很大，所以我關上所有的門窗。今天早晨，我的窗戶敞開，看得見外面清新的綠色森林。陽光正照耀著，小鳥在枝頭歡唱。小譚蘇已經到學校去了。我必須先暫停寫作，才能注視樹林橫亙過山腹。

　　我察覺到它們和自己的存在。我並不會為了專注而隨時關上意識之窗。初學禪修者為了能夠更容易專注於自己的呼吸或其他禪觀對象，可能覺得關閉感官之窗會有所幫助。但即使感官之窗開著，我們還是能夠專注。

　　意識的對象（法塵）並非僅存在於身體之外。即使我們不看、不聽、不嗅、不嘗，也無法不注意身體內的覺受。當牙齒痛或腳抽筋時，你會感到疼痛；當所有的器官都健康時，你會感到舒適。

　　佛法談到三種覺受：快樂（樂受）、痛苦（苦受）和不苦不樂（捨受）。事實上，如果保持覺知，所謂「不苦不樂」也是一種愉快的感受。

　　蓄藏在身體內的感覺是一條不間斷的河流，不論我們是否覺察到它們的存在，所以，「關閉所有感官之窗」實際上並不可能。就算我們能在某種程度上阻擋它們，

但心和意識還是會繼續運作，從記憶裡仍會生起影像、概念和思想。

有些人以為，禪修就是將自己與思想情感的世界隔絕，回歸到一種純淨的境界；在這個境界中，心專注在自身，並且成為「真心」。① 這個想法很美，只可惜它基本上是被誤導了。既然心與思想和情感的世界並不是分離的，又怎能遠離並隱退到自身中去呢？

當我注視著眼前的森林時，我的心並沒有離開我而進入森林中，也沒有開門迎接森林進來。我的心專注於森林，但樹林並非是和心截然不同的對象。我的心與森林是一體不二的。那座森林只是心的神奇示現之一。

森林
千百棵樹身和我的身體。
樹葉迎風搖曳，
耳邊聽見溪流的召喚，
每片葉子都展露微笑。
有座森林在這兒，
因為我在這兒。
但心已追隨那森林而去
將自身層層包裹於綠意中。

我的心專注於森林，但樹林並非是和心截然不同的對象。我的心與森林是一體不二的。

　　聖者進入三摩地，並不知道有一個需要摒棄的「外在世界」或必須契入的「內在世界」。即使閉上雙眼，這世界也會向我們揭露自身的祕密。世界既非內也非外。不論那個禪觀對象是什麼：數呼吸、守鼻端、參公案，或任何其他小至微塵、大如須彌者皆然，世界本身都是活力盈滿且完整圓融。

　　不管禪觀的對象是什麼，都不只是終極實相的某個片段而已，實際上那個禪觀的對象已包含實相本身（浩瀚的整體）。

每個細胞中都含藏一切細胞

　　誠心邀請你與我一起靜坐。請用自己覺得輕鬆、舒服的姿勢坐著，把注意力放在呼吸上，讓呼吸變得非常柔細、非常輕盈。慢慢地，再將注意力轉移到身體的各種覺受中。

　　你如果感覺到疼痛或不舒服，或有任何的愉悅，就把注意力放在那兒，用全然的覺知去享受那份感覺。然後，注意每個不同器官的反應——心臟、肺、肝、腎和消化系統等等。通常這些器官都能毫無困難地運作，除

非當你感到某部位疼痛，否則不會注意到它們的存在。
觀察血液在身體內流動的感覺，想像那是一條河流蜿蜒
於綠野平疇，以鮮活的水滋養大地。

　　你知道這條血液之河滋養身上的每個細胞，以及所
有的器官，而這些由細胞構成的器官則供給血液養分
（消化系統）、淨化血液（肝、肺臟），並且驅動血液的循
環（心臟）。我們體內所有器官，包括神經系統和腺體，
都得仰賴彼此的運作而生存。

　　血液需要肺，所以肺屬於血液；肺需要血液，所以
血液也屬於肺。同理，也可以說肺屬於心臟、肝屬於
肺，以此類推，進一步看出體內每個器官都暗示著其他
器官的存在。

　　這就是《華嚴經》中所說的「萬物相互依存」（法界
無盡緣起）或「互即互入」。這時，因和果不再被視為某
種線性的平面關係，而是一個網，不是平面的二維之
網，而是在多維向度中，朝全方位相互交織成的無窮無
盡的網路系統。

　　不僅是每個器官自身包含所有其他器官的存在，就
連每個細胞中都含藏一切細胞的存在。萬有之中呈現出
一，並且在每樣事物中也呈現萬有。此即《華嚴經》中
明確表達的「一即一切，一切即一」。

不管禪觀的對象是
什麼，都不只是終
極實相的某個片段
而已，實際上那個
禪觀的對象已包含
實相本身（浩瀚的
整體）。

若這粒塵沙是不存在的，那整個宇宙便不存在

當我們完全掌握這層意義，就能不再受長期不斷區分「一」與「多」的思考陷阱和習性所束縛。當我說「每個細胞中都含藏一切細胞」時，請別誤會，認為有某種方法能讓一個細胞的容受力擴展到能含攝所有細胞。我的意思是，一個細胞隱含所有其他細胞的存在，因為它們無法彼此分開，獨立生存。

有位越南禪師 ② 曾說：「若這粒塵沙是不存在的，那整個宇宙便不存在。」一位覺悟之人能在塵沙中見到整個宇宙。初學禪修者雖然無法像見到手中蘋果般洞悉這一點，但也能以觀察和省思理解這個道理。

《華嚴經》中的某些經文，可能會讓沒有禪觀過「相互依存（無盡緣起）」規律的讀者感到恐慌和困惑。

「一粒微塵見無量佛剎，一一佛剎有無量諸佛，一一諸佛現無量威光。」

「一世界入多世界，多世界入一世界。」

「於一毛端納無量須彌。」

在現象界中，事物似乎是以獨立實體的狀態存在，

各自占據某個特定空間:「這個」(此)是在「那個」(彼)之外。當我們深深浸淫在「相互依存」的道理中時,就能看出這種互不相干的謬誤。世間每樣事物都是由其他事物所組成,並包含其他所有的事物。

禪觀「相互依存」的道理,所謂「一/多」的概念即不攻自破,而其他「大/小」、「內/外」和所有二元對立的概念,也都無法站得住腳了。

詩人阮公著 ③ 在了悟這層道理後,曾作詩讚嘆道:

此界與彼界,

無與佛陀倫比!

其小無有內。

其大無有外。

一片草藥的瑰麗繁複,不亞於眾星的銀河之旅

既然現在我們了悟自己身體中存在著「一即一切,一切即一」的道理,讓我們更進一步,禪觀自身中存在的整個宇宙。我們了解若心跳停止,生命之流將會中斷,因此我們非常珍愛自己的心臟;但我們卻鮮少注意到,在我們身體之外存在著的其他事物,對於我們的生

世間每樣事物都是由其他事物所組成,並包含其他所有的事物。

存也極為重要。

看看被稱為太陽的那個巨大光源，如果不再照耀，生命之流也將終止。所以，太陽是我們的第二個心臟，是身體之外的那顆心。這顆巨大的「心」給予地球上萬物生存所需的溫暖。幸虧有太陽，植物才得以存活。植物的葉子吸收陽光的能源和空氣中的二氧化碳，然後為樹木、花朵、浮游生物製造食物。

感謝植物的存在，讓我們和其他生物得以生存。所有的生物，包括人類、動物和植物，都是直接和間接地「消費」太陽。我們無法盡述太陽這顆身體外的偉大心靈產生的影響有多麼巨大。

事實上，我們的身體並非完全受限在血肉之軀內，而是更寬廣、更巨大的。若是環繞於地球周遭的大氣層消失片刻，那麼「我們的」生命就終止了。宇宙間的每個現象都與我們休戚相關，微渺如棲息於海底的鵝卵石，浩瀚到幾百萬光年之外星系的所有活動，都跟人類關係密切。

詩人惠特曼 ④ 說過：

我相信一片草葉的瑰麗繁複不亞於眾星的銀河之旅

……

這些詩句並非抽象的哲學，而是來自他靈魂深處的體悟。他說：

我是巨大的，我蘊含了萬物。⑤

這世間所呈現的萬象都是相互依存的

我剛才所提到的禪修內容，或許也能稱為「無盡交織的互即互入」，亦即禪觀這世間所呈現的萬象都是相互依存的。這樣的禪修能夠幫助我們脫離「同／異」或「一／多」這類對立概念的束縛。這種禪修能去除「我」的概念，因為自我概念的存在，正是奠基於同和異的對立。

當想到一粒沙、一朵花或一個人時，我們的思考無法不受同、一和評估等觀念所左右。我們總是在一與多、一與非一之間畫上清楚的界線。

在日常生活中，我們就像行於軌道的火車，依賴慣性的思考模式；但如果真正理解沙子、花朵和人類之間相互依存的本質，就會明白，缺乏差異性，那麼同一性也不可能存在了。同與異不受約束地互相滲透。同即是

宇宙間的每個現象都與我們休戚相關，微渺如棲息於海底的鵝卵石，浩瀚到幾百萬光年之外星系的所有活動，都跟人類關係密切。

異。這就是《華嚴經》中，互即互入和互相交融的律則
（也就是法界圓融）。

互即互入意味「此即彼」和「彼即此」。當我們深
刻體會互即互入和互相交融，就會發現，「一／多」的觀
念就像用來裝水的桶子，只是一種描述實相的心智建
構。一旦擺脫這種建構的束縛，就如遠離運行軌道的火
車，自由飛翔於天際。

當我們了解人類是生活在一個球狀的星球表面，繞
著自己的軸心自轉，並繞著太陽公轉，我們區分上與下
的二元概念也隨之崩解。所以，一旦了悟萬物相互依存
的本質，就不再受困於「一／多」的觀念了。

在《華嚴經》中，運用因陀羅網 ⑥ 這個意象來說明
萬物間無止盡的互動與相交。這張網是由無盡璀璨的寶
珠編織而成，每一顆寶珠都有數不盡的切面，每一顆寶
珠都能反映出網上其他的寶珠，而其他寶珠也映現這顆
寶珠的影像。在這景象中，每一顆寶珠都包含其他所有
寶珠。

每一個個體對於整體都是不可或缺的

我們也可以運用幾何學來說明。想像有一個圓，它

的中心點是「C」。這個圓是由與圓心 C 等距的所有點匯聚而成。這個圓之所以存在，是因為所有的點存在的緣故；若少了一個點，這個圓就立即消失了。這就像一座由紙牌堆積成的房子，只要抽出其中一張，其他紙牌都會傾倒。每張紙牌都彼此依賴，缺乏其中任何一張，房子都無法存在。

構成圓周的每個點都仰賴彼此而存在。在這兒，我們又看見「一即一切，一切即一」的道理。這個圓的每個點都同樣重要，紙牌屋中的每張卡片也都同等重要。每一個個體對於整體都是關鍵性的存在，都是不可或缺的。這就是「相互依存」。

為了更清楚說明互即互入和互相交融的特性中，這種彼此交織的關係，可以想像有個領域的表面是由所有的點構成，並且所有的點都在它的體積範圍內。點的數量非常龐大，但缺少其中任何一點，這個領域便不存在。現在讓我們想像每一個點都連結起來。首先將 A 點與其他點連結，然後把 B 點與每一個點連結，其中也包含 A 點，如此接續不斷，直到所有的點都彼此連結。各位可看出，我們現在有一個交織了所有的點、連結得極為密實的網。

「一／多」的觀念就像用來裝水的桶子，只是一種描述實相的心智建構。

　　菩薩明瞭法界無盡緣起，在一法中見一切法，一切法中見一法，在一中見到多，在多中見到一，在無量中見到一，在一中見到無量。諸法生滅變化，所以非真，覺者不為所動。

　　我先前說過，在當代物理學中有一種「靴帶理論」，它的看法極類似互即互入和互相交融。靴帶理論放棄物質基本元素的觀念，認為宇宙現象是彼此交融的網絡，其中每個現象都是由其他現象共同產生。而宇宙是一種由相互依存的事件所織成的動態結構，其中並無任何獨立存在的基礎物質實體。我們所謂的粒子，其實只是粒子間互動的關係而已。⑦

　　或許有人會問：「我雖然同意每個現象都必須依賴其他現象才能夠生起，但這包括所有現象的整體又是從何而來呢？」你們能夠回答他的問題嗎？

禪修並非模仿，而是創造

　　禪修並非模仿，而是創造。只會模仿上師的禪修者不可能有什麼成就，這道理亦適用於烹飪或其他方面。一個優異的廚師必須具備創新的精神。你可以透過許多

不同方法來禪觀世間萬象的彼此依存（法界無盡緣起）
──諦觀自己的內臟：血液、心臟、腸、肺、肝和腎
臟；或是千百種其他方法，包括思想、情感、意象、詩
歌、夢境，或一條河、一顆星、一片葉子等等。

用功的修行者在日常生活中的每一刻都在進行禪
修，絕不浪費任何機會或事件來探究緣起。整日的修行
都是在全心全意地專注一境中進行。

無論睜眼或閉眼，都在三摩地（定）中。你可以放
下必須閉起眼睛才能向內諦觀和張開眼睛才能向外觀察
的想法。一個內心的念頭不會比外在的一座山顯得更內
在。兩者都是知曉的對象，既非內也非外。

當你完全活在當下，與活生生的實相深深契合時，
就能夠達到甚深的禪定。這時主客體的區隔已消融，你
自在輕安地融入實相中，與它合而為一。因為你已經將
所有衡量知識的工具放在一旁，而佛教稱那些知識為
「不正見」⑧。

偉大深刻的領悟才會產生偉大的悲憫

當我們觀看孩子們玩耍時，會想到他們的未來。我
們明白生命中充滿憂慮、恐懼、希望和失望，我們為生

當你完全活在當
下，與活生生的實
相深深契合時，就
能夠達到甚深的禪
定。

命擔憂不已，也有各種痛苦掙扎的焦慮。

我們正是在這瞬間「進入」孩子的生活。要進入他們的世界並不困難，因為我們知道他們是自己的骨肉。

禪修的情況也是如此。當我們諦觀萬物互相依存的真實面，就能很容易契入實相，看清生命所面對的各種恐懼、悲憤、希望和絕望。

觀察葉子上的一隻綠色毛毛蟲，我們就不會從人類自我中心的觀點來看，而是由萬物互相依存（法界無盡緣起）的道理所生的洞見，了解到毛毛蟲的重要性。

一旦領悟到世間萬物生命的可貴，我們就不敢奪取毛毛蟲的生命。如果有一天必須殺死一隻毛毛蟲，我們會覺得這行為猶如在殺死自己，彷彿內在的某個部分也跟著這隻毛毛蟲死去。

古代的人是以狩獵方式來養活自己和家人，他們是為了存活才這麼做，而不是單單為了娛樂而殺生。但是，現今社會有些人則為了尋求快感而殺生。

萬物互相依存的道理不是某種脫離人類精神和實際生活的哲學遊戲。藉由觀照、世間所有現象互相依存的道理，禪修者了知眾生是一體無分的，因而他或她的內心充盈對萬物的悲憫。

當你內心感受到這份愛時，就明白自己的禪修已開

花結果了。智慧與慈悲永遠攜手並行,是一體不二的。缺乏實質深度的認知只會伴隨著空洞不實的悲憫,廣大甚深的智慧才會產生無量崇高的悲憫。

愈深入探究生命,就愈能了解生命的奇蹟

你曾觀賞電視的野生動物節目,看見影片裡那些掠食者捕獵其他動物的畫面嗎?老虎追獵一頭鹿,或是蛇吞食青蛙,這些場面多麼緊張刺激。我們多希望那頭鹿能逃脫虎爪,而那隻青蛙能夠免遭蛇的毒噬。

眼看著老虎撕裂鹿和青蛙活生生被蛇吞噬,是件痛苦的事。這種節目並非憑空杜撰,而是真實生命的呈現。我們只企盼青蛙和鹿能夠逃過一劫,但卻鮮少顧及老虎和蛇必須獵食才能活命的事實。

人類吃雞、豬、蝦、魚和牛等,甚至跟老虎和蛇一樣,也吃鹿和青蛙。但因為觀看這血淋淋的殺戮場面而感到痛苦,於是就同情獵物,希望它能躲過被捕殺的命運。

身為禪修行者,面對這些情況時,內心必須保持非常清明。不能偏袒任何一方,因為我們既是獵物也是獵人。有些人對老虎撕咬獵物的鏡頭無動於衷,甚至很喜

當我們諦觀萬物互相依存的真實面,就能很容易契入實相,看清生命所面對的各種恐懼、悲憤、希望和絕望。

歡觀賞，但是大部分的人都感受到其中的痛苦，深深同情受害者。

如果這幕獵食景象發生在眼前，我們會想辦法解救那隻鹿和青蛙。但是我們必須要謹慎行事，別只是爲了避免自己的痛苦而這麼做。我們還必須對老虎或蛇失去食物的痛苦感同身受，並對牠們心生悲憫。

所有生命都必須爲生存而奮鬥。愈深入探究生命，就愈能了解生命的奇蹟，而且也愈常見到這令人心碎且恐怖的血腥場面。

你曾看過蜘蛛的一生嗎？你曾經歷過戰爭嗎？是否看過刑求、監獄和虐殺？可曾見過在公海上的劫掠者強暴年輕女孩的悲慘景況？

真正謀求和平，就必須了解所有生命互即互入的本質

世上有許多人熱愛運動。如果你喜愛觀看足球賽，或許還有自己支持的隊伍，常會爲他們加油打氣。觀賽時的情緒會沮喪或振奮，或許你的興奮也增添了球賽的氣氛。如果心中沒有任何特別喜愛的隊伍，觀賽的樂趣便蕩然無存。在戰爭時我們會選擇立場，通常是站在受威脅欺壓的一方。和平運動就是由這種情感所衍生。

我們感到憤怒，為不公平聲嘶力竭，但是卻很少超越這一切混亂，以母親看待自己的兩個孩子打架般，來面對眼前的衝突紛爭。做母親的只希望孩子能和解。

真正謀求和平的努力必須源自這種悲天憫人的胸懷，這是諦觀世間所有生命乃是互即互入且彼此交融之後，所生起的悲心。

我們或許有幸能遇見把愛心擴及動物和植物身上的人。我們可能還認識一些人，雖然自己過著安全且衣食無缺的生活，卻明白世上仍有千百萬人正遭受飢荒、疾病和政治壓迫的打擊，並且盡力尋求方法去幫助那些受苦的人。

他們無法遺忘這些人，即使自己的生活安逸也而無法忘懷饑荒、疾病和壓迫正威脅著地球上數百萬計的生命，並想盡辦法要幫助那些受苦的人們。這些人至少在某種程度上了悟萬物生命相互依存的道理。他們知道低發展國家的生活，與富裕、科技先進國家的存在之間，有著密不可分的關係。貧窮和壓迫帶來戰爭。在我們這個時代，每場戰爭的複雜性都是牽一髮動全身，世上所有國家的命運都是彼此相關的。

我們感到憤怒，為不公平聲嘶力竭，但是卻很少超越這一切混亂，以母親看待自己的兩個孩子打架般，來面對眼前的衝突紛爭。

社會若要改變，人類的意識就必須全盤徹底改變

在一個以科技為致勝關鍵的文明社會中，悲憫其實沒有多少存在的空間。但是，當我們深入地諦觀生命，甚至會開始認同螞蟻和毛毛蟲。如果我們成了農夫，或許連耕作都有困難，因為我們可能會拒絕使用殺蟲劑來消滅害蟲。如果我們連動物都不忍殺害，又怎麼可能硬起心腸拿槍對準另一個人類呢？

如果我們是國防部的官員，或許會鼓勵人們當個有良心的反對者而拒服兵役。如果我們成為政府首長，或許會反對在轄境內興建核子武器基地，這樣我們就會被當前的體制給罷黜。

許多人都有這類想法。我們對社會的現況感到憂心，於是透過各種管道表達反對的意見。

倫敦大學物理教授大衛‧波姆說：

如果我們希望社會改變，只有表面的個人或經濟體系的改變是不夠的。人類的意識（集體的態度和信仰等）必須全盤徹底改變。目前我們尚不清楚該如何實現這份改變，但我很肯定這點非常重要。⑨

如我們所見，這種改變可藉由了悟實相互依存的本性而達到，而每個人都能以自己獨一無二的方式體驗這份領悟。這不是透過任何意識型態或思維體系所能獲得，而是在繁複多元的關係中對實相的直接體悟。

我們必須剝除舊有將實相片段化（也就是以概念表達實相）的思惟習氣，才能夠穿透層層蔽障，直探真理的核心，因為實相是完整而無法解析的。

當下是唯一永無止盡的事物

持續修練相互依存的禪觀一段時間後，就會注意到自己開始發生變化。你的視野會更加寬廣，並發現自己帶著悲憫看待眾生。那些隱藏於內心的妒忌和憎恨，原以為是無法穿透的硬繭，如今也開始溶蝕，你發現自己關愛每一個人。最重要的是，你對生死已無所畏懼。

或許你曾聽說過薛丁格 ⑩，他發現了波動力學。在對自我、生死、宇宙，以及統一性和多樣性做過深刻省思之後，他寫道：

因此，你能夠徹底地平躺於地上，在大地之母的胸懷伸展四肢，內心堅信自己和大地是合而為一的。你跟

我們必須剝除舊有將實相片段化（也就是以概念表達實相）的思惟習氣，才能夠穿透層層蔽障，直探真理的核心，因為實相是完整而無法解析的。

這片大地一樣屹立不移與堅不可摧，事實上，你還更堅
定千百倍。如同她明天絕對會吞沒你，她肯定將為你的
生命帶來新生，重新面對新奮鬥與痛苦。但這一切不只
是發生在「某天」：而是現在、今天，每一天都在你眼
前發生，不是只有一次，而是千百次，正如她每天反覆
把你吞沒了千百次。永遠只有現在，這個唯一且同樣的
現在；當下是唯一永無止盡的事物。⑪

　　若是在日常生活中，完全服膺薛丁格看待世界的觀
點，就能在面對生死的時候堅如磐石，屹立不搖。

須臾一念間就包含了過去、現在和未來

　　薛丁格對於時間的觀察，鼓舞我們在相互依存的禪
觀上更進一步。當觀察著互即互入和互相交融的本性
時，對於內與外、一與多的概念開始崩解。但只要我們
仍相信絕對空間和時間是萬象顯現不可或缺的條件，這
些概念便無法全然斷絕。
　　在早期的唯識宗（法相宗，禪觀現象）裡，空間被
視為超越生死範疇的絕對實相。當中觀派 ⑫（禪觀本體
或本質）興起後，時間和空間被認為是有關實相的虛妄

概念，而實相其實是互相依存（互為緣起）。

在《華嚴經》所說的互即互入和互相交融的律則，拒絕將「內／外」、「大／小」、「一／多」等二元概念視為真實，也不接受空間是絕對真實的概念；至於時間，這種有關過去、現在和未來的概念性區隔也被廢棄。

《華嚴經》中說，過去和未來可以融入現在，現在和過去可以融入未來，現在和未來也能融入過去，最後一切永恆均化為「一剎那 ⑬」。總之，時間就像空間一樣，都被印上相互依存的標記，而在須臾一瞬間就包含了三世：過去、現在和未來。

　　我能深入於未來，

　　盡一切劫為一念，

　　三世所有一切劫，

　　為一念際我皆入。

《華嚴經》還說：

　　於一毛端極微中，

　　出現三世莊嚴剎，

時間就像空間一樣，都被印上相互依存的標記，而在須臾一瞬間就包含了三世：過去、現在和未來。

十方塵刹諸毛端，

我皆深入而嚴淨 ⑭。

三世莊嚴刹攝於毫端，

無量佛土亦復如是。

時間和空間彼此含納，無法透過知識來加以分割

《華嚴經》說，時間和空間彼此含納，依賴對方而存在，無法透過知識來加以分割。

兩千年後，物理學家愛因斯坦所提出的相對論，更證實了時間和空間不可分割的關係。時間被視為「四維時空連續」的第四維度。⑮ 這個理論駁斥了空間是宇宙在其中逐漸發展變化的絕對且不變的框架假說。於是，絕對和普遍性時間的觀念也同時被揚棄。空間只是在某個特定的參照架構中，事物之間關係位置的安排；而時間不過是在特定參照架構中，事件發生的先後順序。

依照相對論的看法，時間是區域性的，並不具備普遍性。所以，「此時」（now）的概念只能用於「此地」（here），而不能用在宇宙中的其他地方；同理，「此地」只適用於當下的「此刻」，既非過去亦非未來。這是因為

時間和空間相互依存，無法獨立存在。這個理論讓我們得以運用在科學上有關時空相對性質的發現，來打破以「無限」空間和「無盡」時間為基礎所構築的觀念，例如有限與無限、內與外、前與後。

如果我們仰望星空，疑惑著宇宙最遙遠的邊際以外，到底有什麼東西存在，那就仍未理解相對論，而依然未能揚棄絕對空間獨立於事物存在的觀念。

如果我們追問這浩瀚宇宙將會變成怎樣？那是因為我們仍相信永恆、普遍性的時間。

相對論的出現有助於科學和哲學的進步。可惜的是，愛因斯坦並未更進一步發揮其精闢論點，搭乘這部美妙的太空船遨遊於實相世界之中。

無盡的時間和無限的空間只是知覺的形式

由於各種科學上的新發現，得以摧毀某些對於實相的舊觀念。相對論的功用之一，即是透過對「時空連續」的詳盡討論，推翻古典物理的時空觀念。根據這個理論，萬物皆有一個四度空間的結構，並且位於彎曲的四維時空中。

愛因斯坦揚棄了歐幾里德的三度空間直線式宇宙模

「此地」只適用於當下的「此刻」，既非過去亦非未來。這是因為時間和空間相互依存，無法獨立存在。

式，想像出一個在四維時空連續中，由彎曲的線條所組成的宇宙。

他在一九一七年提出這個模型，空間被視爲四度超空間中的一個三度空間面向，並且以時間做爲軸線。若我們試著將它想像成一個球體，見到的將不再是一顆球，而是一個超圓柱體，其中每一分鐘都是一個獨立的球體，很像影片中一格一格連續所構成的影像。

愛因斯坦的宇宙同時是有限和無限的，因爲它是由彎曲的時空線，而不是時間或空間的獨立直線所組成。

一隻在橘子表面爬行的螞蟻可以永遠直線行進，卻絕對無法到達盡頭，因爲牠是在一條彎曲的道路上爬行。而螞蟻所在的橘子表面，就是牠的限制。

愛因斯坦的理論模型從直線概括出普遍的結論，將有限與無限統一起來。

但如果無盡的時間和無限的空間只是概念的形式，那麼彎曲的四維時空連續雖然較接近實相，仍屬於另一種概念形式。

若是缺乏事物的存在，就無法構想空間，那麼四度空間的時空就只是「事物」和「運動」這些觀念的心智產物。

時空曲線只能視爲一種觀念，用來取代那些三度空

間、無盡的時間和直線。它仍必須被捨棄，正如渡河之後棄筏而去。

親證實相，必須有一顆不雜染任何觀念的純粹之心

實相往往在我們的觀察中變形了，因為我們總是帶著概念的包袱進入其中。現代物理學家明白這點，他們已準備好拋掉長久以來形塑科學基礎的那些觀念，例如因果、過去、現在和未來等。但是拋掉這些概念並非易事，我們覺得缺乏概念的武裝就進入實相世界，猶如赤手空拳上戰場。科學家的盔甲就是他們所擁有的知識和思想體系，要捨棄這個部分最難。

我相信，能夠以最大力量捨棄這些知識「盔甲」的科學家，才具備最偉大的才能而有許多新發現。

求道者總是被提醒要放掉所有概念，才得以親證實相，包括「自」與「他」、「生」與「死」、「常」與「無常」、「有」與「無」等概念。如果實相本身無法透過描述來理解，那麼，親證實相的工具，就必須是一顆不雜染任何觀念的純淨之心。

如果實相本身無法透過描述來理解，那麼，親證實相的工具，就必須是一顆不雜染任何觀念的純淨之心。

注釋

① 許多人認為，進入四靜慮和四無色定的三摩地境界，即是進入心而不再與外物對立的境界。事實上，心永遠都有某個對象——若沒有的話，它就不是心。在四無色定的境界中，心的對象是空無邊處、識無邊處、無所有處和非想非非想處。三摩地是指不再有主客觀意識分別的心靈狀態，也就是說，對象不會再被主體視為客體了。不論主體或對象都成為意識的一部分，它們無法單獨存在，擁有同樣的存在基礎：即意識的自性。

四靜慮：也就是四禪，指初禪、二禪、三禪和四禪，四種根本的禪定境界。禪定常見於印度宗教史中，是各時代重要的修行法之一。佛陀也以禪定為最主要的修行法，在成道和涅槃之際，皆依四禪法來說法修行。一般將四禪和四無色定合稱為「四禪八定」。

② 道行禪師，越南李朝（Ly Dynasty）人，十一世紀末。

③ 阮公著（Nguyen Cong Tru），1778 年出生於越南河靜省（Ha Tinh Province）的小村莊 Uy Vieu，死於 1859 年。

④ 惠特曼（Walt Whitman, 1819～1892）：美國詩人，浪漫主義代表的文學家，被喻為美國詩歌之父，是典型美國精神的代言人。他最著名的作品《草葉集》（*Leaves of Grass*），以自由大膽的詩風，歌頌民主精神和自然之愛。

⑤ 惠特曼，〈自我之歌〉（*Songs of Myself*）：「我是否自我矛盾呢？／那好吧，我是自我矛盾／我是巨大的，我蘊含了萬物。」

⑥ 因陀羅網是帝釋天的寶網，用來裝飾帝釋天的宮殿。網上綴附無數寶珠，所有寶珠皆映現其他一切寶珠之影，如是寶珠無限交錯反映，重重影現，互顯互隱，重重無盡。《華嚴經》以因陀羅網譬喻諸法一與多互即互入、重重無盡之義。

⑦ 「反過來說，若把粒子的概念推到極致，將它們視為彼此互相關聯的網絡，也是個問題。靴帶理論不僅捨棄基本的物質『建構』觀念，也不接受任何的基本實體：法律、方程式或原則。在此理論中，宇宙是各種事件相互依存的動態組織，其中任何屬性都無法扮演基礎的角色；所有的一切都是其他部分屬性所呈現的結果，這是它們彼此關係的整體凝聚性，由此也決定了整個組織的結構。」Fritj of Capra，《物理之道》，收錄於 Josephson 編的《科學與心智》（Paris, 1980），前引文獻。

⑧ 即分別心（vikalpa）。

⑨ 波姆，《整體性和隱秩序》，引自 Josephson，前引文獻，第 453 頁。

⑩ 薛丁格（Erwin Schrodinger, 1887～1961）：奧地利物理學家，量子力學的重要奠基人之一。1933 年諾貝爾物理獎得主，提出原子軌域模型和波動方程式。薛丁格的波動力學把物質波表示成數學形式，建立波動方程式，這是量子力學中描述微粒子運

動狀態的基本定律。

⑪ 參考薛丁格《我眼中的世界》（*My View of the World*, London: Cambridge University Press, 1964），第 22 頁。

⑫ 中觀派：印度大乘佛教主要派別之一，中國傳統稱為空宗，因宣揚龍樹菩薩的中道思想（以《中論》為根本）而得名。中觀派發揮了大乘初期《大般若經》空（空觀）的思想，認為世上一切事物和人的認識基礎，甚至包括佛法在內，都是一種相對的、依存的關係（因緣、緣會），一種假借的概念或名相（假名），本身沒有不變的實體或自性（無自性）。

⑬ 剎那（ksana）：即一個起心動念之間，佛教中表示最小的時間單位。

⑭ 無盡（vo ang）和無限（vo tan）這兩個詞以引號呈現，因為一行禪師是暫時借用它們。

⑮ 若是不熟悉相對論的人，可能無法了解「四維連續體」（form-dimensional continuum）的觀念。在愛因斯坦提出相對論之前，德國數學家閔可夫斯基（Minkowski）就已經說過，時間和空間彼此分隔的觀念是虛構的，唯有時空聚合才能呈現實相。

而相對論說，所有行進中的事物（地球上所有的石頭也都與地球一起轉動），只能同時在時空中呈現自身。例如，若有一架飛機從巴黎起飛到印度新德里，那麼，地面上的控制人員不僅必須知道飛機的經度（x 座標）、緯度（y 座標）和高度（z 座標），同時還必須掌握時間（t 座標），才能夠在整個航程中，清楚掌握飛機的位置。所以，時間（t 座標）便是第四維度。

時間、空間、物質和運動，都是彼此關聯的存在，物質的密度愈大，所呈現的空間圓周曲線就愈大。光線是由天體所發射出來，當像太陽這樣巨大的物體經過時，就會出現一道曲線，因為鄰近太陽的地方，空間呈現較大的弧度。光與能量也都是物質，因為根據著名的 $e=mc^2$ 定律，物質與能量是一樣的。這公式中的 e 代表能量，m 是物質，c 則是光速。物質的呈現帶來空間的彎曲本質，所以在相對論中，就不再會出現歐幾里得數學的絕對直線。

假設桌上有一顆橘子

有人問你：「它嘗起來滋味如何？」

你與其告訴他答案，還不如剝下一瓣橘子，請他親自嘗嘗看

這樣你才能夠讓他或她不必透過任何語言或概念的描述

直接進入橘子的「真如」本性

第四章▎沒有人能告訴你答案

松果之所以存在，不是為了供人類取暖

　　昨天下午，小譚蘇讓她的老師吃了一驚。她吃過午飯後，就拿起掃帚，在沒人要求的情況下，開始清掃教室的地板。村裡的孩子沒有人曾做過這種事。那天下課之後，蘇的老師跟著她來到我們山腰上的小木屋，告訴我這件事。我告訴她，在我的國家，所有貧窮人家的孩子都會做同樣的事。不必大人們吩咐，他們就會自動幫忙整理家務。

　　今天是法國的節日，所以蘇不必去上學。早晨我們去散步，一起採集松果。她告訴我，大地長出松果，是為了讓我們在冬天能夠利用它們生火取暖。但是我告訴她，松果之所以存在，是為了生出小松樹，而不是為了人類取暖用。她對我的解釋非但不感到失望，反而眼睛為之一亮。

　　各位還記得我們在《華嚴經》和相對論中，討論過有關空間和時間的觀念嗎？一旦拋掉絕對空間和絕對時間這類觀念，長久以來形塑思惟模式的許多概念也會開始瓦解。

　　靴帶理論學家發現，所有的次原子粒子，例如電子等，都無法彼此獨立存在。事實上，它們是「互相關連」

的，而這些粒子依次與其他粒子「互相關連」。沒有任何粒子具有獨立性。這種特性極類似相互依存、互即互入和互相融合。

事實上是了知實相的心靈創造了粒子世界

相對論的出現，對於理解核粒子有深遠影響。在相對論中，質量與能量是同樣的東西，猶如我們發現，「雨」這個字可以同時在一個句子中當做主詞和動詞。當我們明白質量只是能量的一種形式，就能理解粒子之間的互相關連，就是四維時空充滿動態的實相。

對現代科學家而言，一個核粒子猶如《華嚴經》中所提到的「一微塵」或「一毫端」，同時含攝了空間和時間。這些粒子可被視為一個時間的「微粒」，如同《華嚴經》裡所描述的最短暫瞬間「剎那」；據說，一剎那不只包含過去、現在和未來，還含納了物質與空間。

一個粒子不能再被當成是置身於三度空間的物體，如一粒彈珠或一粒微塵。在我們的認知中，它已經變得更加抽象。例如，電子可稱為「四維時空的動態體」或是「概率波」。

我們必須了解，像「粒子」、「體」和「波」這些字

一剎那不只包含過去、現在和未來，還含納了物質與空間。

135

眼，已不再具備一般語言的意義。現代物理學家亟欲超
越概念世界的框架，於是，如今粒子被視為抽象的數理
量（不再是從一般有所分別性的知識角度來看）。

有些科學家宣稱，核粒子的性質不過是觀察者心靈
的創造物，實際上，粒子本身並不存在任何獨立於觀察
者心靈的性質。這意味著在粒子的世界裡，事實上是了
知實相的心靈創造了粒子世界。

禪修不是在衡量或思惟心的對象，而是直接體認它

對現今的物理學家而言，心的對象（心所）與心本
身是不可分的。科學家再也無法以全然的客觀性來進行
觀察，他們的心無法與被觀察的對象截然章分。

約翰‧惠勒 ① 認為，應以「參與者」來取代「觀察
者」一詞。因為有「觀察者」存在，主體和客體之間就
必定有一嚴格的界線；但以「參與者」稱之，則主客體
間的區別就會模糊，甚至消失了，也因此直接體驗就可
能產生。

這種「參與者」和「觀察者」的觀念極近似禪修。
根據《四念處經》的看法，當我們禪觀自己的身體時，
是安住在身體靜觀身體（觀身如身）。這表示，我們並未

把身體當做某個不相關的客體，而這個客體也不能夠獨立於這個觀察它的心而存在。禪修不是在衡量或思惟心的對象，而是直接體認它。這就是「無分別智」②。

由於我們內在區分「心」和「心的對象」的習性是如此根深柢固，因此，唯有藉著禪修才能逐漸加以破除。《四念處經》中提到四種修觀的對象：身（身體）、受（覺受）、心和法（心所、心的對象）。佛陀住世時，弟子們就進行這樣的禪修訓練。這種分類方式，是爲了有助於禪修，而非輔助我們分析這些事物。

在《四念處經》中，所有物質現象都被稱爲「法」（心所、心的對象）。當然，我們也能夠觀察身體（身）、覺受（受），甚至心，這些都能歸類爲「法」（心所、心的對象）。事實上，在《四念處經》中，將物質等所有現象都視爲「法」，已經明白顯示，在久遠以前，佛教就反對「心」和「心的對象」之間的區別。

見山依舊是山，見水依舊是水

當那些從事基礎粒子研究的物理學家，在實驗室工作一整天後回到家中，往往會感到周遭的事物，例如一張椅子或一片水果，似乎已失去以往所呈現的實質性。

粒子本身並不存在任何獨立於觀察者心靈的性質。這意味著在粒子的世界裡，事實上是了知實相的心靈創造了粒子世界。

137

這些物理學家在踏入基本粒子的世界後，除了自己的「心」以外，幾乎無法在物質世界中發現任何真實的東西。

艾弗瑞德・凱斯勒 ③ 說：「物質只能從兩種互補的面向，即『波』和『粒子』來看待。因此，一直以來把『物質』當做是大自然的構成要素的這種想法，是我們必須拋棄的。」

雖然對我們來說，一張椅子或一顆橘子不再是「物質」，但是我們仍然是坐在椅子上，並且吃掉橘子。我們的組成與它們有相同的性質，即使那只是計算出來的數學公式。

禪修者明白，世間萬物都與所有其他現象互相交融，因此在日常生活中，他們看待椅子或橘子的眼光，與大多數人不同。

當他們看山和水時，是「見水不是水，見山不是山」。這時的山「已經融入」水，而水也「已經融入」山（互相交融）；山已成為水，水已成為山（互即互入）。然而，當他們想要游泳時，必須到河邊而不是爬到山上。當他們回歸到日常生活中，就會「見山又是山，見水又是水」。

「空」並非不存在，而是缺乏永恆的特性

凡是領悟到粒子間互相依存本質的科學家，甚至連日常生活中察覺現實的方式都可能受到影響，因此，他們的精神面向也可能發生某種轉化。了悟到事物間的現象是互相交融和互即互入的禪修者，內在也經歷了某種改變。

原先抱持的「自我」和「對象」的概念消失，而在萬物中見到自己，並且在自身中見到萬物。這份轉化正是禪修的首要目標。這正是為什麼「覺知當下」不僅是在禪修期間要維持，而且無時無刻都要維持。

禪修者明白，不論行、住、坐、臥皆應保持覺察。當然，有些科學家也是這麼做，他們整天專注在研究的主題上，甚至在吃飯或洗澡等任何活動上，都不斷保持專注。

「依他起性」④的觀念極接近生命的實相。它消除了「一」和「多」、「內」和「外」、「時間」和「空間」、「心」和「物」等二元對立的概念，我們的心智用這些概念來侷限、分割和模塑實相。

「依他起性」的觀念不僅可以破除割裂實相的習性，還能帶來對於實相的直接體驗。但是「依他起性」

「覺知當下」不僅是在禪修期間，而是無時無刻都要維持。

只是做為體驗實相的關鍵，無論如何都不該被視為實相本身。

其實，「依他起性」正是生命實相的本性，其中並沒有所謂的自我本質存在。猶如一個三角形的存在是因為三條直線彼此交會，任何一條線都無法單獨存在。

由於萬物都沒有獨立的特性，所以都被視為「空」。這並非表示現象不存在，只不過是沒有自性，缺乏獨立於其他現象而存在的永恆特性。同理，在靴帶物理理論中，「粒子」也不是彼此獨立存在的三度空間的微粒。

在這裡，「空」不同於日常生活使用的涵義，而是超越一般所謂無形和有形的概念。「空」並非不存在，而是缺乏永恆的特性。為了避免混淆，佛教學者通常用「真空」來形容這種空。

十一世紀李朝⑤的惠生禪師說過，我們不能用空（無形）和色（有形）來描述事物，因為實相超越了這兩個概念：

> 法與非法別無二致，
> 既非存在，亦非不存在。
> 凡是徹悟這個道理的人
> 就能了悟眾生皆佛。

注視一張椅子，即能看見一大片森林

有一種修行法門叫做「真空觀」，修行者必須拋掉以往區別生命和無生命的慣性思惟方式，理解因為自己錯誤地將事物視為獨立和永恆的，才會產生這些概念。

當蘋果樹開花之際，還看不見結實纍纍，所以我們可能說：「這棵樹開花了，但尚未結果。」這樣說是因為我們在那些花裡沒有看見「潛在的蘋果」，但時間將會漸漸讓蘋果顯現。

當我們觀察一張椅子時，眼中只見木材，但卻見不到樹木、森林、木匠或自己的心。當我們以椅子為禪修對象時，就能在椅子中看到整個相互交織、相互依存的宇宙。這些木材的存在示顯了森林的存在；葉子的存在示顯了太陽的存在；蘋果花示顯蘋果的存在。

禪修者能夠於多中見一、一中見多；甚至在見到椅子前，就能夠在實相之心當中見到椅子存在。椅子不是孤立的，它存在於與宇宙其他事物的相互依存關係中。椅子之所以存在，是因為所有其他事物的存在，如果它不是以這樣的方式呈現，那麼所有事物都不會如此呈現。

每當我們使用「椅子」這個字，或在心中形成「椅

椅子不是孤立的，它存在於與宇宙其他事物的相互依存關係中。

子」這個概念時，實相就會被剖成兩半。一邊是「椅子」，另一邊是「非椅子」的世界。這樣的劃分既粗暴又荒謬。

概念的利劍就是以這種方式運作，因為我們沒有了悟「椅子」完全是由「非椅子」的元素所構成。既然所有「非椅子」元素都存在於「椅子」中，又該如何區分它們？覺者在觀察「椅子」時，清晰地看見各種「非椅子」的元素，並且體悟椅子本身是沒有邊界區隔、無始且無終的。

否定椅子的存在，就是否定整個宇宙的存在

小時候你可能玩過萬花筒，只要透過兩片玻璃和三塊鏡片，就能創造五彩繽紛的圖案。每當你輕輕轉動萬花筒，就會呈現一個嶄新美麗的圖像。我們可以說，每個圖案都有個開始和結束，但圖案的真正本質——鏡片和玻璃，並不會隨著新圖案的出現而開始或結束。那些千百萬種的圖案，並不在「開始或結束」這類概念的支配下。

同理，我們依循著呼吸，諦觀自身和世界無始無終的本質，就能明白解脫生死的束縛已近在眼前。

否定椅子的存在，就是否定整個宇宙的存在。一張「存在」的椅子即使被砍成碎片或燒掉，也不可能變成「不存在」。如果真能夠徹底毀掉一張椅子，就能夠毀滅整個宇宙。

「開始與結束」和「存在與非存在」的概念緊密關聯。舉例來說，我們能夠指出某輛腳踏車是從某一刻起開始存在，而從某個時刻起又不存在了嗎？

如果說，腳踏車是在最後那個零件組裝完成的那刻起才開始存在的，這是否表示我們無法在完成的前一刻說「這輛『腳踏車』只需要再加個零件就可以了」？當它壞掉而不能再騎時，又為何稱它為「一輛壞掉的『腳踏車』」？

如果我們諦觀腳踏車存在以及它不再存在的那一刻，就會發現，腳踏車不能夠被歸類在「存在與非存在」或「開始與結束」的範疇中。

印度詩人泰戈爾 ⑥ 在出生之前是否「存在」？在他死後是否「停止存在」？如果我們接受《華嚴經》「互相交融」或靴帶理論「互即互入」的道理，那就不能說，曾經有某個時刻「泰戈爾是不存在的」，無論在他出生前或他死亡後都不能這樣說。

如果泰戈爾是不存在的，那整個宇宙便不可能存

我們依循著呼吸，諦觀自身和世界無始無終的本質，就能明白解脫生死的束縛已近在眼前。

在，你我也不可能存在。泰戈爾之所以「存在」，並非由於他的「出生」，而他的「不存在」也不是因為他的「死亡」。

他們即使在街上與佛陀擦肩而過，也認不出來

某天黃昏，我站在印度比哈省（Bihar）的靈鷲山 ⑦ 上眺望非常美麗的日落，突然間，我發現釋迦牟尼仍然佇立在那兒：

那位年老的托缽僧

仍佇立於靈鷲山上

望著美麗的晚霞沉思

喬達摩 ⑧，真是奇怪呀！

誰說優曇花 ⑨

每三千年才開一次？

海潮音啊！

你不可能聽不到

如果你的耳朵懂得傾聽

我曾聽過好幾位朋友談起，對於自己未能生逢佛陀

的時代深感遺憾。我認爲，他們即使在街上與佛陀擦肩而過，也認不出來。不僅是泰戈爾和釋迦牟尼，我們每個人都是無始無終。我存在於此是因爲你存在於彼，如果我們當中有任何人不存在，那麼其他人也不能夠存在。

實相是不受「生命」和「非生命」、「出生」和「死亡」這些概念限制的。我們可以用「眞空」來描述實相，並摧毀所有束縛和分化的概念。這些概念創造出某種表相，但是如果缺乏解脫概念束縛的自由心靈，便無法眞正進入實相。

科學家於是漸漸了悟，他們無法運用平常的語言來描述非概念性的眞理。

科學的語言開始蘊含如詩般象徵性的特質。如今，像是「魅」⑩ 和「色彩」⑪ 這些字眼，也被用來形容粒子的特性，在「宏觀領域」⑫ 中，並沒有概念上與之相應的東西。總有一天，實相會超越所有「概念化」與「量化」的範疇而彰顯自身。

與其告訴他答案，不如請他親自嘗嘗看

這種無法概念化的實相或「眞空」，稱爲「眞如」⑬；

總有一天，實相會超越所有「概念化」與「量化」的範疇而彰顯自身。

145

有時也譯為「如是」，意思是「就是如此」。真如是不能夠透過語言或概念來理解或描述，你必須直接去體悟。

假設桌上有一顆橘子，有人問你：「橘子嘗起來滋味如何？」你與其告訴他答案，還不如剝下一瓣橘子，請他親自嘗嘗看。這樣你才能夠讓他或她不必透過任何語言或概念的描述，直接進入橘子的「真如」本性。

佛陀為了提醒眾弟子實相本身不受限制、無始無終的本性，要弟子們稱他為「如來」。這並非某種敬語的稱謂，而是表示「如此來的人」或「如此去的人」。意味著他是從真如中生起，安住於真如，並且回到真如，進入無法概念化的實相中。

這世間是否有任何人或事物不是由真如中來？你與我、一隻毛蟲、一粒沙子，都是從真如中來，都安住於真如，並且有一天將會回歸真如。

實際上，「生起」、「安住」和「回歸」這些字都沒有實質意義。一個人永遠無法離開真如。在《阿奴邏陀經》（Anuradha Sutra）中，佛陀回答了一個令許多僧侶困擾的問題：「如來死後會發生什麼事？他會繼續存在嗎？他會停止存在嗎？還是他繼續又停止存在？或是他既未繼續也沒有停止存在？」

佛陀就問阿奴邏陀：「你認為呢？如來能夠透過形

相被認出來嗎？」

「不能，世尊。」

「如來能於形相之外去尋找嗎？」

「不能，世尊。」

「如來能透過受、想、行或識而認出來嗎？」

「不能，世尊。」

「阿奴邏陀，在這一世你都無法找到如來，為什麼還去煩惱在我死後是否會繼續存在或停止存在，或既存在又不存在，或既非存在又非不存在的問題呢？」

科學家才剛開始理解佛陀在兩千五百年前的回答

被尊為原子彈之父的物理學家羅伯・歐本海默 ⑭，曾有機會讀到《阿奴邏陀經》中的這段故事。他是基於對粒子所做的觀察而理解這層道理，因為粒子是無法受空間、時間、存在或非存在這些概念所限制的。他說：

對於那些看起來最簡單的問題，我們往往是不予回答，或是給予某個答案，乍看之下較容易令人聯想到某種奇怪的教義問答，而非自然科學上直截了當的肯定答覆。例如，若問電子的位置是否保持不變？必須說「不

有人問你：「橘子嘗起來滋味如何？」你與其告訴他答案，還不如剝下一瓣橘子，請他親自嘗嘗看。

是」；若問電子的位置是否會隨時間改變，必須說「不會」；若問電子是否在運行中，必須說「不是」。

各位可以看得出來，科學的語言已經開始接近佛教的語言了。歐本海默在讀過上述《阿奴邏陀經》的引文後說道，科學家直到二十世紀才開始理解佛陀在兩千五百年前的回答。

「電子」或「如來」都超越了存在與非存在的概念

另一種可以用來取代諦觀真實空性的修行法門，稱為「妙有觀」。「有」代表當下的存在。「妙有」表示覺察到宇宙包含於萬物之中，否則便無法存在。這份對於互相連結、互相交融和互即互入的覺察，讓我們不可能再說某個東西是「是」或「不是」，所以只能稱它為「妙有」。

雖然歐本海默對於有關電子性質的問題，連續回答了四個不是，但是他的意思並非表示電子是不存在的。

雖然佛陀說：「你連在此生都無法找到如來。」但是並非表示如來是不存在的。

《大般若經》⑮使用「非空」來描述這個狀態。

「非空」的意思等於「妙有」。而「眞空」和「妙有」，能
夠讓我們免於墮入區別「存在」與「非存在」的分別
心。

不論「電子」或「如來」都超越了存在與非存在的
概念。電子與如來的眞空和妙有本質，使我們不致落入
存在與非存在的陷阱，並且引導我們直接進入「非概念
化」的世界。

我們該如何修習「妙有」？凡是理解相對論的人都
明白，空間與時間和物質是緊密連結的；相對於那些仍
然相信空間獨立於時間和物質而存在的人來說，理解相
對論的人相信空間擁有更寬廣的意義。

當我們觀察一隻蜜蜂，或許剛開始會想要透過理解
相對論的物理學濾鏡來看牠，然後再超越那個境界，去
看包含在其中的眞空和妙有。

如果你打算經常這樣修練，請盡你一切所能，我確
信這能夠使你解脫生死之網的糾葛和纏縛。

禪宗向來視生死爲最緊要的大事。白隱禪師 ⑯ 用毛
筆寫了一個巨大的「死」字，然後在旁邊加了一小行
字：「凡是能明白此字之深刻意義的人，即是眞英雄。」

生死只是概念，若
能不受這些概念的
限制，就可以解脫
生死的束縛。

149

解脫生死不能單憑知識上的理解

　　我以前認為，從生死中解脫是個遙不可及的目標。當我在西貢的萬行佛教大學任教時，看著那些瘦弱不堪的羅漢像，心想，一個人非得要苦修到這種力氣耗盡的程度，才能擺脫各種欲望，達到解脫境界。

　　但是後來，當我在越南中部的芳貝禪修中心修行時，才了悟到，解脫生死並非某種抽象或遙不可及的事。生死只是概念，如果能不受這些概念的限制，就可以解脫生死的束縛。這是做得到的。

　　但解脫生死不能單憑知識上的理解。當你看見宇宙萬物相互依存的本性，當你理解真空和妙有的意義，就已在自己的意識中播下解脫的種子。我們需要藉由禪修來讓這些種子發芽成長。透過禪修的力量，或許能夠衝破生死觀念的藩籬，而「生死」，只是我們所創造的許多概念之一。

　　物理學家雖然能夠理解基本粒子的互相交融和互即互入，但是卻無法超越他們的知識範疇。從佛教解脫的觀點來看，那只不過是做到了表面的功夫；研究佛教卻未實修的人，也只是累積知識來裝飾門面而已。

　　命運掌握在自己手中，一旦斬除有關生死、存在與

非存在等觀念，我們就有能力修行了。

我所提供的各種意象——太陽、橘子、椅子、毛蟲，腳踏車和電子等，都可以是帶領我們直接體悟實相的對象。將太陽觀想成你的第二顆心，是你的身外之心；觀想太陽存在於身體的每個細胞中；觀想太陽在植物裡，在吃進肚子的每一口滋養的蔬果中。你將會逐漸看到「終極真實之體」（即法身 ⑰），並且認清自己的「真實本性」。然後，生與死就無法再撼動你，你便能得到證悟。

十四世紀的越南慧中禪師寫道：

生與死，

不斷在摧毀我。

如今你再也無法撼動我了。

請深深禪觀這兩句話，直到你能看見慧中禪師存在於你身體的每個細胞中。

參公案的目的在於破除觀念和概念化的傾向

中國禪宗的臨濟宗 ⑱ 善於運用公案做為追求開悟的

研究佛教卻未實修的人，也只是累積知識來裝飾門面而已。

方法。藉著公案,禪修者在心中守著一個話頭,這樣就可以產生極大的定力。

以下是幾則問句形式的公案:

在父母生你之前,你是何面目?

單手擊掌是什麼聲音?

萬物歸一,一歸何處?

運用問句的形式可以讓我們全神貫注。下面這些公案雖然不是以問句方式呈現,但是仍然具備問句的相同效果:

狗子無佛性。[19]

廓然無聖。[20]

藏頭白,海頭黑。[21]

所以,在參公案時,「疑情」就成為極重要的元素。

參公案的目的在於破除觀念和概念化的傾向。雖然公案本身沒有這樣的意圖,但是有時禪修者在參公案時,會太過耽溺於自己的思惟和概念中而無法自拔。往

往只有當禪修者走不出來，完全被概念性思惟弄得精疲力盡時，才能夠放下一切觀念，回歸自身。

我認為，這是參公案的一種缺點。

在諦觀「互即互入」或「妙有」時，禪修者可以將任何事物當做觀想的對象，但必須能夠持續專注在這個對象一段時間。他可以選擇太陽、葉子或毛蟲為對象。這樣的禪修並不像參公案那樣難以理解，但是如果禪修者決心要讓心中覺知的太陽一小時接一小時地照耀在對象上（保持觀照），終究會成功的。

這種禪修方式能讓修行者免於浪費許多光陰殫精竭慮地尋找答案，而這些答案往往無法透過理智思辯得到。太陽、葉子或毛蟲能夠帶領禪修者直接進入非概念性的實相世界──活生生的親證體驗。

另一種重要的禪修法門稱為「心物互攝」，旨在終結一切心與對象之間的分別。當我們望向藍天、白雲和海洋時，很容易就會把它們看成三種不同的現象；但如果更仔細觀察，就會發現，其實這三者具有相同的本質，彼此之間無法獨立存在。

如果你說：「我怕剛才看見的那條蛇。」那你是將這條蛇視為物質，並且把恐懼看做心理作用。而禪修「心物互攝」，就是消融這種對立分別的方法。

禪修者可以將任何事物當做觀想的對象，但必須能夠持續專注在這個對象一段時間。

153

德國數學家萊布尼茲 ㉒ 認為，不僅是色彩、光線和溫度，就連宇宙萬物的樣貌、內容和變動，都可能只是心對實相所做出的投影。由於量子理論的發展，如今沒有人能再沿襲笛卡兒 ㉓ 的舊觀念，認為心與物是截然二分的實體，彼此互不相依。

簡單地說，在「我害怕那條蛇」這句話裡，我們辨識出有一個「我」、一條「蛇」和「恐懼」。恐懼是一種心理現象，不僅與物質現象「我」和「蛇」緊密聯繫，也跟整個宇宙之網緊密交織，和宇宙擁有相同的本性。

「恐懼」這個概念本身即包含了「蛇」，以及這個人害怕被蛇咬的概念。如果我們試著保持客觀，可能會發現，自己並不確定什麼才是一條蛇或一個人的本質，但恐懼卻是能夠分辨出來的直接體驗。

宇宙萬物的樣貌，可能都是心的投射而已

在諦觀宇宙萬物相互依存時，我們會發現每一念的片刻都包含了整個宇宙。這片刻可能是一個記憶、想法、感受或希望。從空間的觀點來看，我們稱它是「意識的粒子（一念）」；從時間的觀點來看，稱為「時間的粒子（剎那）」。一念的瞬間包含了所有過去、現在和未

來，以及整個宇宙。

當我們談到心時，通常想到的是感受、思想或知覺等心理現象；談到心的對象時，想到的是山、樹木或動物等物質現象。這樣說來，我們看到的是心及其對象的現象層面，但卻看不到它們的本性。

我們觀察到心和心的對象這兩種現象是依賴彼此而存在的，所以是相互依存的，但是看不出它們具有相同的本性。這個本性有時稱爲「心」，有時則稱爲「眞如」或「上帝」。不論如何稱呼，都無法以概念來揣度這個本性，因爲它是無邊無際且含容一切，沒有侷限或障礙。

從合一的觀點來看，稱爲「法身」；由二元的觀點而言，則是「無礙的心」與「無礙的世界」的遇合。《華嚴經》稱之爲「無礙心」和「無礙境」。心與世界是如此全然又完美地彼此含容，我們稱此境界爲「心物一如」。

心是一面讓萬物無所遁形的大圓鏡

物理學家薛丁格在一九五六年於劍橋三一學院所做的某場討論心物關係的演講中，質問意識是「一」或是「多」。他的結論是，從表面看來，心似乎是多重的，但

一念的瞬間包含了所有過去、現在和未來，以及整個宇宙。

155

實際上心只有一個。

薛丁格的理論曾受到吠檀陀 ㉔ 哲學的影響，他對於自己所稱「心的算術悖論」極感興趣。

如我們所見，「一」與「多」的分別是一種知覺上的衡量。只要我們是那種分別心的囚犯，就會是算術悖論的囚犯。唯有看見萬物的互即互入與互相交融，才能擺脫這種束縛。實相非「一」也非「多」。

唯識宗形容「心物一如」是「映照萬象的一面鏡子」。如果缺乏現象，就不可能有映照；而缺乏映照，也不可能有鏡子。這個用來形容心的意象是「一面讓萬物無所遁形的大圓鏡」。

據說，所有現象都被貯藏在一間「貯藏室」（阿賴耶識）中，這個貯藏室的內容物與它的所有者（知的主體）是合一的。在唯識宗的教義裡，阿賴耶識包含了所有物質、生理和心理現象的種子；同時，又是知的主體和客體賴以建立的基礎。阿賴耶識不受時空限制。事實上，連空間和時間都是從阿賴耶識而來的。㉕

唯識教義極重要的部分是，了解知覺的對象。它們分為三種類型：清淨無染的對象或實相自身（自相）、表徵物或概念化的可見之對象（共相），以及仍存留於記憶中或當因緣具足時會重現於心中的純粹意象或概念化的

對象。

實相本身是一條生命之流，永遠處於流動狀態

由阿賴耶識中又生出兩種識，即意（末那識）和識（前六識、表識 ㉖）。前六識能引發所有感受、想法、概念和思想的產生，是以感覺器官（六根）、神經系統和大腦爲基礎。唯有在感受和知覺既純粹又直接時（也就是「當心清淨時」），前六識才可能以實相自身爲覺知的對象。

當我們透過概念的面紗，前六識所了別的只能是實相的表象（即共相，指外在物質現象）或像是睡夢或白日夢般的純粹意象（指心理現象）。雖然實相自身是「清淨意識」覺知的對象，但當我們透過「概念思惟」來認識眞相，就已經被扭曲了。實相本身是一條生命之流，永遠處於流動狀態；而從概念中所產生的實相的表象，則是由「時」和「空」、「生」和「死」、「誕生」和「毀滅」、「存在」和「不存在」、「一」和「多」這些概念框架而成的結構。

末那識是一種本能直覺，認爲有一個不倚賴於世界其他事物而獨立的「我」存在。這個本能直覺是因習性

從概念中所產生的實相的表象，則是由「時」和「空」、「生」和「死」、「誕生」和「毀滅」、「存在」和「不存在」、「一」和「多」這些概念框架而成的結構。

和無明而產生，它的虛幻性質是由前六識建構而成，且它又成了前六識的基礎。這個本能直覺的對象是被曲解的阿賴耶識的局部，而這個阿賴耶識的局部，卻被末那識視爲由肉體和靈魂構成的自我。因此，末那識當然不是實相自身，而只是一種實相的複製品。

做爲所謂的自我和自我意識，末那識被看成是契入實相最根本的障礙。藉由前六識來進行禪修，能夠去除由末那識所引起的錯誤認知。

前六識包括眼識、耳識、鼻識、舌識、身識和意識。其中的「意識」，活動範疇最爲廣闊，能夠和其他感官同時作用，例如覺知到視覺；也能夠單獨起作用，例如進行概念思惟、反思、想像和作夢等。因爲是繼五種感官意識後，意識被稱爲第六識。末那識和阿賴耶識則被稱爲第七識和第八識。

宇宙的終極實相，唯有以大智慧之眼才能察覺

正如前面已提過的，只有在清淨意識的狀態下，實相自身才能爲意識所覺照。就契入實相而言，意識只有相對的價值。所以，雖然任何意識所覺受的內容都是實相自身，但所感知到的，卻絕非實相的整體。

　　例如，科學已經證明，人類視力所能看到的範圍，僅僅是電磁波譜 ㉗ 中極微小的部分，高頻波的輻射線和宇宙射線都非肉眼所能見到，無線電波也是。我們所見到的光和聽到的聲音，都只限於某些特定的頻率範圍。

　　人類肉眼無法看見紅外線，因為它們的波長超出我們可見的範圍。X 光射線比起那些可見光的波長更短，我們也看不見。如果人類能看得見 X 光射線，在我們眼前呈現的宇宙萬物將會截然不同。狗和其他動物所能覺察的高頻率聲音，人類卻無法聽到。事實上，地球上有許多動物比我們人類更能感知實相。

　　因此，宇宙的終極實相，唯有以大智慧之眼才能察覺。但是只有在構成末那識和令人執著妄見的錯誤觀念都根除後，這些大智慧之眼才會張顯。也唯有如此，阿賴耶識才會呈現成映照完整宇宙的大圓鏡 ㉘。

每一個人的記憶並非專屬自己的珍貴財產

　　如果問：「每個人都有自己的阿賴耶識，還是大家共享一個共同的阿賴耶識？」

　　這問題顯示我們尚未了解互即互入和互相交融的真實本質，仍然被薛丁格所謂的「心的算術悖論」所困

　　雖然任何意識所覺受的內容都是實相自身，但所感知到的，卻絕非實相的整體。

惑。

那麼，我們或許會問：「我們如果不是各自擁有獨立的阿賴耶識，為什麼會有分屬於自己的記憶？」我們能夠說某個孩子學習功課的結果是另一個孩子理解了功課內容嗎？

波浪在水面上拍碎，雖然無法離開水而存在，但仍有自己的形式和位置；河流可是由許多小溪匯聚而成的，但是每一條小溪都與河流合而為一。在海的表面，會看見波光粼粼，一波捲起，一波碎落，每一波的存在都必須依賴其他波的存在。

我們每一個人的記憶，並不是自己專屬的珍貴財產，而是跟所有其他生命息息相關的活生生的實相。它們和我們的身體一樣，一刻也不停息地在變化。每一個事物都是實相，但是實相並不侷限在「一」或「多」的概念裡。

在幻象之中包含了宇宙萬物

這些唯識宗的教法是幫助我們禪修，而不是對實相的描述。我們應當記得那些稱為第六識、第七識、實相自身和實相的描述等現象，事實上無法獨立於彼此而存

在，也無法獨立於時空之外。

在睡夢中呈現的意象也是活生生的實相，整個宇宙就在其中顯現。我們常認為，夢境中的幻相缺乏物質基礎，所以並非真實的，但是在電視螢幕上的那些影像又該如何看待？它們是真實的嗎？我們能夠捕捉到它們的實體或找到它們的物質基礎嗎？儘管如此，這些幻象依然是真實的。

整個宇宙盡呈於「幻相」之中；在幻相之中包含了宇宙萬物。這幻相能夠存在，是因為其他萬物的存在。它的存在如同一顆粒子般不可思議。在現代科學中，已不再視粒子為有形的實物或可被具體界定的。

當第六識處在極深的專注（甚深禪定）中時，不會製造出幻相，此時就可能直接體驗到活生生的終極實相。所謂有意識（觀照），永遠是指對某個對象保持覺知，所以，不該認為可以讓自己的意識進入一個沒有對象的「純粹」境界。

沒有觀照對象的意識是隱性的意識，蟄伏於阿賴耶識中，猶如波浪潛伏於止水。在禪修中可以獲得這種專注的境界，稱為「無想定」，這時意識不再處於活躍狀態。在無夢的深眠中，意識也是潛伏在阿賴耶識中。

所謂有意識（觀照），永遠是指對某個對象保持覺知，所以，不該認為可以讓自己的意識進入一個沒有對象的「純粹」境界。

透過一片葉子，看見心和宇宙完美地合一

在禪修時，我們將所有心力專注在一個對象上，就會進入定境。這種禪修並不是消極或昏鈍；事實上，我們必須非常警醒。我們如果注意力全聚焦在對象上，而那個對象就是心念本身，就猶如太陽不斷照耀在初雪或蔬果上。

我們也可以配合自己的呼吸與專注在那個對象上，這樣可以提升我們的專注力（定力）。如果我們以一片葉子做爲專注的對象，就能透過一片葉子，看見心和宇宙完美地合一；如果我們禪觀太陽布滿全身（身心全然地觀照），就能體驗到法身的無始無終。

禪觀宇宙萬物的互即互入和互相交融，是摧毀概念的手段，藉此我們便能於身心同時達到直接體驗終極實相的境界，唯識宗稱此爲「唯識」。

當我們活在當下，與萬物和諧共處時，就不需要「相互依存」的概念了

禪觀事物的三種性質 ㉙ 與禪觀無盡緣起這兩種觀法極爲類似，都是從禪觀萬物相互依存的關係開始，了悟

我們心中對實相的看法是虛妄的，因為它是建構在「生」和「死」、「一」和「多」、「空間」和「時間」，和其他概念的架構中，也就是植基在虛妄的。

藉由對萬物相互依存的觀照，深入觀照實相，我們就能逐漸擺脫我執（執著有一個獨立的自我存在）和法執（把世間萬物看做不相干的個別存在）的羅網。

只要能時時刻刻對萬物的互相依存保持觀照，那麼即使在阿賴耶識裡，仍存在許多根深柢固的虛妄種子（隨眠 ㉚），也就能被連根拔起和摧毀，達到時時刻刻的圓滿解脫。

正如乘筏達到彼岸之後，便不再需要木筏一樣；當我們活在當下，與萬物和諧共處時，就不需要「相互依存」的概念了。我們便能平靜地安住在真實自性之中，這就稱為「終極實相」。這就是真如的世界，是心物圓融的境界。

在一個粒子中我們能見到整個宇宙

我們不需要去努力達到真如的世界，因為真如無時無刻不在。

在《華嚴經》中，真如被稱為「理法界」，就是真

藉由對萬物相互依存的觀照，深入觀照實相，我們就能逐漸擺脫我執（執著有一個獨立的自我存在）和法執（把世間萬物看做不相干的個別存在）的羅網。

實自性的世界。

在遍布山河大地、動物和植物的世界，萬物似乎都各適其位，則被稱為「事法界」。

但是這兩個世界並未分隔，它們是一體的，正如水和波浪之不可分隔，所以又被稱為「理事無礙法界」。

在這個萬物互相交融的現象界中，單一現象即所有現象（一法即萬法），所有現象即是單一現象（萬法即一法），則被稱為「事事無礙法界」。

這就是在《華嚴經》中經常提到的「四法界」[31]。

中國唐朝的法藏[32]禪師這位偉大的學者寫過一篇文章，談論許多禪修的方法，能夠幫助我們破除妄見，回歸緣起的本源，也就是對於真如世界有一種澄澈、徹底的看法。[33]

波姆曾詳細探討過某種他稱為「隱秩序與顯秩序」的理論，與「事事無礙法界」的觀念極為接近。

波姆說過，所有被認為彼此獨立而存在的實相，都屬於顯秩序，這是一種事物的存在「看似」互不相干的秩序。但若深觀之後就會發現，整個宇宙中萬物彼此連結，在一個粒子中我們能見到整個宇宙，宇宙就會藏在一個粒子當中，並且由一個粒子創造出一切。

於是這又帶領我們進入隱秩序，在這裡，「時間與

空間不再決定事物之間是否彼此獨立或相互依存」。

　　依據波姆的看法，現今科學界必須由隱秩序的整體入手，才能看透每個現象的真實本性。

　　在科鐸巴的一項會議中，波姆說：「電子永遠是一個整體。」這種見解極接近《華嚴經》中「一多不二」（一即一切、一切即一）的觀念。

　　若是波姆願意再進一步深入探索他的研究，並且以全副身心投入禪修，就可能會獲得某種令人意想不到的驚人成果，並在物理界造成重大突破。

注釋

① 約翰·惠勒（John Wheeler, 1911～）：美國著名宇宙物理學家、相對論專家，曾是二次大戰時期研製原子彈的曼哈頓計畫（Manhattan Project）和氫彈計畫的主持人之一。他在 1967 年正式為「黑洞」（black hole）這個天文現象命名，並為人們在了解黑洞上做出了許多貢獻。

② 無分別智（nirvikalpajnana）：指捨離主觀、客觀的表相，而達到一切平等的真實智慧。

③ 艾弗瑞德·凱斯勒（Alfred Kastler, 1902～1984）：法國物理學家。1966 年，因為發現和發展用於研究原子中赫茲共振（Hertzian resonances）的光學方法，使人們對於原子結構有新的認識，而獲得諾貝爾物理獎。

④ 依他起性（inter-origination, paratantra）：唯識宗所立的三性（遍計所執性、依他起性和圓成實性）之一。指依於他緣而生起一切如幻假有等現象的諸法。

⑤ 李朝（1010～1225）：越南第四代封建王朝，在前三代（吳、丁、黎朝）奠基和發展的基礎上，經四十餘載，至十一世紀中葉，開始步入封建中央集權專制君主制的強國。

⑥ 泰戈爾（Rabindranath Tagore, 1861～1941）：印度大詩人，出身加爾各答貴族之家，留學倫敦。曾創森林學校，以自由和仁愛為中心，提倡東方精神文明。1913年獲諾貝爾文學獎，是第一位獲獎的東方文學家。1924年曾到中國遊歷，作品包括《頌歌集》、《新月集》、《園丁集》、《漂鳥集》。

⑦ 靈鷲山（Vulture Peak）：又稱耆崛山，坐落在恆河平原、比哈邦那爛陀和菩提伽耶之間，是印度佛教的聖地，相傳釋迦牟尼曾在此地傳法講道。

⑧ 喬達摩（Gotama）：即釋迦牟尼，又譯為瞿曇，是釋迦族的姓氏。

⑨ 優曇花（Udumbara）：又作優曇跋羅花，產於喜馬拉雅山麓、德干高原和斯里蘭卡等地。根據佛教經典記載，此花為祥瑞靈異所感而開，乃是天花，為世間所無；必須如來、聖人下生人間，以大福德力的緣故，才能使此花出現。

⑩ 魅（charm）：夸克的「口味」名稱，但和我們所嘗的口味完全是兩碼子事，只是借用而已。

⑪ 色彩：跟電荷相似，只是形式上更自由，原因是色荷共有三種，通常為紅、綠、藍，不過這些名稱代表的特性，跟我們熟知的顏色毫不相干。

⑫ 宏觀領域（macro-realm）：原本是物理學名詞，指傳統的物質世界，相對於量子物理所研究的微粒子世界（微觀領域）。後來，宏觀和微觀的概念被廣泛應用於各學科領域中。

⑬ 真如（suchness, bhutatathata）：指廣布於宇宙中的真實本體，是一切萬有的根源。真，真實不虛之意；如，不變其性之意。

⑭ 羅伯・歐本海默（Robert Oppenheimer, 1904～1967）：美國物理學家，他製成首枚原子彈，也是他倡議限制使用原子彈。他對原子核理論及原子彈所需鈾的臨界質量數做研究，其後授命率領小組於1945年製成首批原子彈，被視為「原子彈之父」。

⑮ 《大般若經》：全名《大般若波羅蜜多經》，凡六百卷，唐玄奘譯。「般若波羅蜜」，意即「通過智慧到達彼岸」。全經旨在說明世俗認識和一切對象均屬因緣和合，假而不實，唯有通過「般若」對世俗真相的認識，才能把握絕對真理，達於覺悟解脫之境。為大乘佛教的基礎理論，亦為諸部般若經集大成者。

⑯ 白隱禪師（Hakuin, 1685～1768）：日本江戶時代中期的禪僧，也是日本臨濟宗的中興祖師。一生不慕名利，終老都住在鄉下的小寺廟裡，以寫作和說法度化眾生。

⑰ 法身（the body of ultimate reality, Dharmakaya）：又稱法性身，就是證顯實相真如的理體，無二無別，常住湛然。也就是自己真正的生命，是本自具足、無始無終、不生不滅、不去不來、能生萬法、不會斷滅的這念心。

⑱ 臨濟宗：禪宗五家七宗之一，以唐代臨濟義玄（？～867）為宗祖。中唐以後，此宗門風興隆，蔚成一大宗派。本宗經常使用通過師生（或賓主）問答的方法，衡量雙方悟境的深淺，針對悟境程度不同的參學者進行說教。接引學人的方法，單刀直

入，機鋒峻烈。本宗即以禪風自由，至清代而成為中國禪宗的主流。

⑲ 狗子無佛性：原公案是說，有人問趙州禪師：「狗有沒有佛性？」趙州禪師答：「沒有。」那人又問道：「不是說眾生皆有佛性嗎？」趙州禪師說：「因為牠有業識在。」在這則公案中，趙州禪師是想藉狗子的佛性來打破學人對於有無的執著。而趙州所指的有無，不是物的有無，而是超越存在的佛性。

⑳ 廓然無聖：原公案是說，梁武帝問達摩祖師：「什麼是聖諦第一義（神聖至高無上的真理）？」達摩祖師回答：「廓然無聖（根本沒有這樣的東西）？」這則公案的主旨，是要人參透、放下神聖和平凡的分別心。

㉑ 藏頭白，海頭黑：原公案是說，有個僧人問了馬祖道一禪師一個佛法上的問題，馬祖道一說：「我今天很疲倦，無法回答你的問題，你去問智藏禪師吧。」結果智藏禪師又叫僧人去問百丈懷海禪師，懷海禪師卻告訴僧人：「這個我不會。」僧人就把這個情形向馬祖禪師報告，馬祖禪師就說：「藏頭白，海頭黑。」這則公案的意思是說，那個僧人問的問題就如智藏的頭是白的，懷海的頭是黑的，還有什麼好問的？一切不都是現成的？真正的佛法是現成的，不需用語言文字說明，根本沒有佛法、開悟、道、禪這些東西。

㉒ 萊布尼茲（Gottfried Wilhelm Leibniz, 1646～1716）：德國數學家、自然科學、哲學家，他的研究涉及邏輯學、數學、力學、地質學、法學、歷史、語言和神學等多種領域，目的是尋求一種可以獲得知識和創造發明的普遍方法。最重要的數學貢獻是獨立發明微積分，數學史上將他與牛頓並列為微積分的創始人之一。

㉓ 笛卡兒（Rene du Perron Descartes, 1596～1650）：法國著名哲學家、數學家、物理學家和自然科學家。他認為數學是其他一切科學的理想和模型，提出了以數學為基礎，以演繹法為核心的方法論和認識論，成為西方近代哲學的創始人之一，對後世的哲學、數學和自然科學產生巨大作用。

㉔ 吠檀陀（Vedanta）：印度六派正統哲學體系之一，是構成大多數現代印度教派別的基礎，對印度的思想、宗教和文化產生深遠的影響。吠檀陀哲學本來是為了解釋古印度經典《奧義書》而產生的。其說以「梵」為純精神性的最高我，亦為宇宙生成的根源；又身體的存在也是由梵而來，此兩者的關係，猶如宇宙萬物與宇宙精神所形成的「不一不異」關係，故倡「梵我不一不異說」。

㉕ 有趣的是，在最近的統一理論（unification theories）中，超弦被假設是時間和空間的源起。超弦理論認為，宇宙間的基本粒子，包括電子、原子、質子等，都是由「弦」所組成的。換句話說，構成物質的基本單位是「弦」。許多物理學家都認為，超弦理論，實現了理論大統一，是一種包羅萬象的理論。

㉖ 表識（Vijñapti）：意指「了別」或「認知」的活動、「了別」活動所成的關係，以及引申為了別活動的對象或結果。我們能識別、了別外境，是因「識」對外境的作

用所顯現，所以對於這種狀態的識稱為表識或記識。即眼、耳、鼻、舌、身、意六識。

㉗ 電磁波譜（electromagnetic spectrum）：天體所發射出的電磁輻射，包含所有可能的波長或頻率。所有電磁波依照波長順序排列起來，就成為電磁波譜。不同波長的電磁波表現出明顯的差異，因此常將電磁波譜量分成若干波段。依波長順序可分為 γ 射線、X 射線、紫外線、可見光、紅外線和無線電波。人類肉眼可見的波長約在 400 至 700 納米（nm）之間，只是波譜的一小部分。

㉘ 大圓鏡：形容遍照宇宙一切萬物的圓融智慧，猶如大圓鏡中現一切色相，所以稱為「大圓鏡智」。這是唯識宗所謂的四種智慧之一。

㉙ 三種性質（tri-svabhava）：也就是「三性說」，是唯識宗的重要主張，認為一切存在的本性與狀態，從其有無或假實的立場分成三種，稱為三性，又作三自性。即遍計所執性（對於無實體的存在，計執為「實我」、「實法」而起妄執之心）、依他起性（指各種緣生所起之法）和圓成實性（指圓滿、成就、真實的真理）。

㉚ 隨眠（anusaya）：即煩惱的習氣，指種子而言。此煩惱的種子隨逐我人，眠伏潛在於阿賴耶識中。

㉛ 四法界：即華嚴宗的宇宙觀。華嚴宗認為全宇宙統一於一心，若由現象與本體來觀察，則可分為四種層次：事法界（指差別的現象界）、理法界（指平等的本體界）、理事無礙法界（指現象界與本體界具有一體不二的關係）和事事無礙法界（指現象界本身的絕對不可思議。即一切諸法皆有體有用，雖各隨因緣而起，各守其自性，事與事看似互為相對，然多緣互為相應以成就一緣，且一緣亦成助多緣）。

㉜ 法藏（643 ～ 712）：唐朝僧人，為華嚴宗第三祖。早年師事智儼，聽講《華嚴經》，深入其玄旨。一生宣講《華嚴經》三十餘遍，致力於華嚴教學的組織大成。

㉝ 原文為「滅除妄見，返回自己的本源」的「妄盡還源觀」，no. 1876，《新脩中文大藏經》。

我 們 的 力 量 並 非 在 於 武 器 、 金 錢 或 武 力 ，
而 在 於 內 在 的 平 靜 。
這 份 平 靜 使 我 們 堅 不 可 摧 。
在 關 心 那 些 我 們 所 愛 和 想 要 保 護 的 人 時 ，
我 們 必 須 擁 有 平 靜 的 心 靈 。

第 五 章 ▎平 靜 的 力 量

最聰明的修行方法就是先仰賴自己內心那位老師

今天早晨萬里無雲，天氣相當暖和。小譚蘇在吃過我為她煮好的早餐後到學校去了，我走進花園去移植一些萵苣菜。當我入屋洗手時，看見客人已經醒來，正在梳洗。我煮水沏了一壺茶。我在庭院的桌上擺了兩杯茶，坐在外面等他。

我們在溫煦的陽光下喝茶。朋友問我，要如何看待禪修的成果。我告訴他，平靜和快樂是評量禪修成果的指標。如果內心沒有因禪修而變得更平靜和快樂，那麼就是我們修行的方式有些問題了。

有人說，禪修如果缺乏老師指導，可能會造成內心的混亂和失衡，但要覓得一位道行很高的老師並非易事；這種人極為罕見，我們大多只看到某些尚未全然了悟的人。如果你無法跟隨已證悟的老師學習，最聰明的修行方法就是先仰賴自己內心的那位老師。

要慢慢地、小心謹慎地進行禪修。例如，不見得非要急著修習「四無色定」的禪修法門，別強迫你的身心。要善待自己，每天都帶著覺知的心過簡樸的生活。如果你保持正念，便擁有一切；你就是一切！

請讀讀《正念的奇蹟》和《安般守意經》。這些書中

全是關於修行的實用建議。

請讀讀本書關於「四法界」（見 163 頁）、「八識」（見 156 頁）和「三性」（見 162 頁）的章節，不僅在修習靜坐前可以得到助益，而且隨時都能受用。

一分鐘的禪修，就是一分鐘的平靜和快樂。若禪修對你而言並非愉悅之事，那就是你的方法不正確。

禪修會帶來快樂。這份快樂最主要來自於你是自己的主人這個事實，你不再陷於無明之中。如果你隨順自己的呼吸，面帶微笑，對感受和想法也保持覺知，身體的動作自然就會變得輕柔放鬆，和諧自然會呈現，內心便會生起真正的快樂。

讓你的心專注於當下的每一刻，即是禪定的基礎。當我們做到這一點，生命便活得徹底且深入，並能夠看清那些沒有正念的人所看不見的事物。

修習正念，你永遠都能再開始

在《正念的奇蹟》中，我提出三十種以上修習正念的方法，包括每星期安排某一天為正念日。如果你閱讀這本書，就會明白許多修行的方法。

這本書已被譯成三十五種語言。雖然是一本小書，

讓你的心專注於當下的每一刻，即是禪定的基礎。

但是非常實用且淺顯易讀。事實上，我至今仍然遵循書中的方法去做。你可以一讀再讀，因為每讀一次，你就有一次機會檢視自己的修行，並且可以從個人的體驗中發掘出書中所沒有提到的東西。

這本書已出版十多年，至今我仍收到世界各地寄來的許多感謝信，告訴我這本書為他們的生命帶來重大的**轉變**。有位在紐約執業的外科醫生告訴我，他在施行手術時總是讓自己保持正念。（我心想，這位外科醫生絕不會把手術器材遺落在病人身體裡。）

在開始修行的頭幾個月，你可能無法保持持續不斷，因為有時忘記了保持正念是很自然的。但是你永遠都能再開始。如果你有共同修行的夥伴，那將是非常幸運的。平日一起修行的朋友經常會彼此提醒要提起正念，還能分享彼此的經驗和進步的心得。

你可以藉由許多不同方法來培養正念。在後院撿起一片秋天的落葉，將它貼在浴室的鏡子上，每天早晨當你見到它時，這片葉子會提醒你微笑並回歸正念；當你洗臉和刷牙時，將感到放鬆且保持正念。

從附近教堂或鐘塔傳來的鐘聲，甚至電話鈴聲，都能夠帶你回到正念。我建議，在接電話前讓電話鈴聲響個兩、三聲，這時你就有時間注意吸氣和吐氣，回歸到

眞實的自我。

請不斷地禪修，直到你能在一粒塵沙和最遙遠遼闊的銀河中看見自己

　　某一天，如果你需要一個禪修的主題，請選擇一個你關心的、非常感興趣的主題，這樣才能夠吸引你的注意力。那可以是太陽、一隻毛蟲、一滴露珠、時間或你出生前的面目。無論這些現象是具體的或抽象的、物質的、生理的、心理的或形而上學的，都可以成爲你的禪觀對象。

　　在你選定一個主題後，將它深植在靈魂的深處。雞蛋需要母雞的孵育才能成爲小雞，同理，你所種下的主題也必須得到灌漑。你的「自我」，或是你最喜愛或最痛恨的那個人的「自我」，都能夠成爲修練的對象。

　　只要它深深植入你的生命底層，任何對象都能帶來覺醒；但是它若只是某種訴諸理性思惟的產物，就不太可能產生什麼結果。

　　你曾禪觀過「我是誰？」這個主題嗎？

　　在你出生之前你是誰？

　　在你尚未有任何肉體存在的跡象時，你到底存在或

> 任何對象都能帶來覺醒；但是它若只是某種訴諸理性思惟的產物，就不太可能產生什麼結果。

不存在？

你是如何從無中生有的？

如果在我的受胎之日，父母因為另有要事而無法會面，那麼我現在會是誰？

如果那天我母親的卵子不是被父親的那枚精子所泅入，而是由其他精子泅入的話，那麼我現在又是誰？

我會成為自己的哥哥或姊姊嗎？

如果那天我的母親並未和父親結婚，或是父親迎娶的是另一個女人，那麼我今天又是何種面貌？

在你體內每個健康的細胞都掌控著各自的活動，這是否就表示每個細胞都有自我？

在生物學的分類系統中，「屬」是由較小單位的「種」組成的 ①，那麼是否每個「種」都代表一個「自我」？

如果你用最大的信心和智力來問這些問題，並且將它們深植於靈魂深處，並與你的整個存在融為一體，將來的某一天你就會有意想不到的發現。

你是否曾經直視愛人的雙眼，然後深摯地問道：「我的愛，你是誰？」

不論你們當中是誰回答這個問題，都不會對一般性的回應滿意。

「我的愛，你是誰？竟能夠來到我的生命中，與我同甘共苦，視我的生死如同自己的生死？你是誰？爲何你的『自我』已成爲我的『自我』？我的愛，爲何你不是一滴露珠、一隻蝴蝶、一隻鳥或一棵松樹？」

千萬別被這些詩情畫意的景象所迷惑。你必須用整個身心、整個生命來追問並回答這些問題。

有一天，你甚至不得不以同樣的方式來詢問你最痛恨的人：「你到底是誰？竟帶給我生命如此巨大的痛苦，讓我感受到這麼多的憤怒與憎恨？你是這因果循環鎖鍊中的一部分嗎？是在這人生路上冶鍊我的烈火嗎？」

換句話說，「你就是我自己嗎？」你不得不變成那個人。你必須與他（她）合而爲一，憂其所憂，苦其所苦，樂其所樂。那個人與你不可能劃分爲「二」，你的「自我」跟他的自我不可分離。你就是那個人，如同你是你所愛的人，如同你是你自己。

請不斷地禪觀下去，直到你在最殘酷不仁的政治領袖身上、在受到最恐怖刑求的犯人身上、在最富有的人身上、在飢餓瘦弱得不成人形的孩童身上看到自己。

請不斷地禪觀，直到你在公車上、在地鐵裡、在集中營裡、在田裡勞動的人群身上發現自己的存在；直到你在一片樹葉、一隻毛蟲、一滴露珠和一道陽光中領悟

請不斷地禪觀下去，直到你在最殘酷不仁的政治領袖身上、在受到最恐怖刑求的犯人身上、在最富有的人身上、在飢餓瘦弱得不成人形的孩童身上看到自己。

自身的存在。

請不斷地禪觀，直到你能在一粒微塵中和最遙遠遼闊的銀河中看見自己。

慈、悲、喜、捨，是諦觀萬物相互依存的成果

當你繼續不斷地修練，覺悟之花會在心中綻放，還有慈悲、寬容、喜悅和放下的花朵也會跟著綻放。你之所以能夠放下，是因為你不需要為自己保有任何東西，你不再是需要千方百計加以保護的脆弱和微渺的「自我」。

既然他人的快樂就是你的快樂，如今你已是喜樂盈滿，因為心中沒有嫉妒或自私。不執著於妄見與偏見的你，內心充滿寬容。你的慈悲之門是敞開的，並且為眾生的苦難感同身受。於是，你用盡一切方法來減輕這些苦難。

這四種善德稱為四無量心：慈、悲、喜、捨。這是諦觀萬物相互依存的成果。具備四無量心，代表你是走在正道上，並且能在修行路上引導他人。

當覺知的瞬間，生命會以不可思議的實相呈現

現在你身在何處，我的好友？

是在田野裡、森林中、山上、軍營裡、工廠裡、書桌旁、醫院裡，或是在獄中？

無論你身在何處，讓我們一起練習呼吸，並讓觀照的太陽進入內心。讓我們就從這一呼一吸和這一念覺知談起吧。

人生究竟是一種幻影、一場夢，還是一個奇妙的實相，全部取決於我們的覺悟和正念。

覺知是一種奇蹟。當覺照之光燃亮的那一刻，光明會將黑暗一掃而空；同樣地，當觀照的太陽開始照耀的瞬間，生命也會以不可思議的實相呈現。

我有一位詩人朋友被送到越南一處偏遠叢林的勞改營接受改造。被拘禁在那兒的四年期間，他以禪修保持內心平靜。當他被釋放後，整個人內在清明如一把利劍。他明白這四年時光並沒有被糟蹋；相反地，他已經在禪修中「再教育」了自己。

當我寫下這些句子時，我是在寫一封情書。希望我所認識與不認識的弟兄姊妹們，都能夠讀到這些話語，不論你們處於何等無助的悲慘環境，都可因此恢復力量

人生究竟是一種幻影、一場夢，還是一個奇妙的實相，全部取決於我們的覺悟和正念。

和勇氣。

沒有在困境中尋求平靜的經驗，就永遠不可能明白平靜最真實的意涵

　　十五年前，我在一個紙燈罩上寫了四個中國字——欲靜則靜，意思是：「若你渴望平靜，平靜就與你同在。」幾年後，我有機會在新加坡實踐這些話。

　　我跟幾位朋友組織了一個專門幫助困在暹羅灣的越南難民的計畫，叫做「血流腸破」（Man Chay Ruot Mem）。

　　當時人們都還不知道「船民」的悲慘境遇，而泰國、馬來西亞和新加坡政府都不允許他們登岸。所以，我們便雇了兩艘大船里普達和羅蘭號，到公海上去載運這些難民；另外兩艘小船西貢二〇〇號和黑標號，則負責接駁與運送食物和補給品。我們計畫利用兩艘大船載滿難民，然後將他們運送到澳洲和關島。

　　我們必須祕密進行這件事，因為當時大多數的政府都不願承認有船民這個問題存在；我們知道，如果被他們發現，整個計畫會受到很大的刁難。

　　不幸的是，當我們從兩艘小船上救出了近八百位難

民後，就被新加坡政府發現。到了凌晨兩點，新加坡警察將我的住所團團包圍。由兩位警員前後包抄，其他人則一湧而上，當場沒收我的護照和簽證，並命令我在二十四小時之內離境。

當時有八百個人在那兩艘大船上，我們必須想辦法把他們安全運送到澳洲或關島。而西貢二○○號和黑標號這兩艘小船都被限制離開碼頭，因而無法將食物和水載送給里普達和羅蘭號大船上的難民。如果我們能送食物過去，大船就會有足夠的燃料駛抵澳洲。

那天風大浪急，海象極差，我們很擔心船隻的安危，結果還漂離了岸邊，但是馬來西亞政府卻不准它進入馬國的水域。我企圖申請入境許可，打算先進入某個鄰近的國家，再繼續策畫拯救難民行動，但是泰國、馬來西亞和印尼都不發給我入境簽證。

雖然我人在陸地上，但是實際處境卻猶如漂流海上，我發現自己的命運與那八百名船民同體一命。

在那種窒礙難行的窘迫處境下，我決定自己必須禪觀「欲靜則靜」。我很驚訝地發現自己竟然很平靜，不再害怕或憂慮任何事情。

我並不只是無憂無慮，而是一種真正的心靈平靜。在那種心境下，我得以克服困難的處境。我一輩子都忘

如果我無法在面臨危急關頭保持心靈平靜，那麼平日安逸環境中獲得的那份平靜就不算真正的平靜。

不了在那二十四小時期間的靜坐的分分秒秒、那一呼一吸和那充滿正念的每一腳步。

我們在短短二十四小時內面臨的問題似乎龐雜得無法解決。縱使有長長一生的時間，還是有許多人會抱怨時間不敷使用。在稍縱即逝的二十四小時內，又怎麼可能做完這麼多事？

當我直接面對問題時，成功已在眼前。我發願，如果不能在當下獲得內在的平靜，自己就永遠也得不到平靜。如果我無法在面臨危急關頭保持心靈平靜，那麼平日安逸環境中獲得的那份平靜就不算真正的平靜。

如果缺乏在艱苦困境中尋求平靜的經驗，我永遠都不可能明白平靜最真實的意涵。通過禪觀「欲靜則靜」，使我得以面對人生中接踵而至的各種問題，而那正是當時最迫切需要的東西。

若你當下並非活在平靜中，將來也永遠辦不到

平靜只存在於當下。

如果我說：「待我完成這件事後，就能自由自在活在平靜中了。」「這件事」是什麼？一張文憑、一件工作、一幢房子或還清貸款？如果你這麼想，平靜永遠不

會到來。

　　眼前的「這件事」完成後，永遠都會有另一件事出現。如果你當下並非活在平靜中，將來也永遠辦不到。如果真心想要得到平靜，現在就必須處於平靜中，否則，這只是抱著「平靜終有一日能到來」的希望而已。

　　我的詩人朋友並沒等到從勞改營裡被釋放後，才學習活在平靜中。他並不知道自己在那兒只待了四年（許多人待了十年或更長的時間）。他禪修的主題也類似「欲靜則靜」。

　　我們需要坐下來，找出適合自己的修行法門，這樣才能生活在平靜和快樂中。並非需要經過長久修行才能得到平靜，最重要的是你的願力和決心。如果你的決心夠堅定，那麼成果往往立竿見影。你可以透過一呼一吸、每一步伐、每一微笑，或者透過諦「觀」、諦「聽」或諦「受」，直到與平靜融為一體。

我們的力量並非在於武器、金錢或武力，而在於心靈的平靜

　　如果地球是你的身體，那你定能感受到目前這身子有許多部位正在受苦。

並非需要經過長久修行才能得到平靜，最重要的是你的願力和決心。

　　戰爭、壓迫和飢荒在世界各地無情肆虐。許多孩子因營養不良而雙目失明，他們在垃圾堆中翻尋東西，只爲了能找到些微餬口的食物。許多成年人在監獄中絕望煎熬地死去。有人因反抗暴力而遭殺害。人類所擁有的核子武器、足以摧毀地球，但我們卻仍不斷製造更多的武器。

　　如果我們覺察到地球所遭受的這些危機，又怎能獨自隱居於森林或者躲在自己家中靜坐呢？

　　我們尋求的平靜不可能只是個人的享受。我們必須找到一種內在的平靜，能讓我們與受苦的人融爲一體，並且願意幫助這些遭受苦難的弟兄姊妹們；也就是說，幫助我們自己。

　　我知道有許多年輕人明白這世界的實際狀況，並且內心充滿熱誠，他們不願意隱身於粉飾太平的世界，於是投入改革社會的志業。他們知道自己要的是什麼，但經過一段時間的參與之後，往往變得心灰意冷。

　　爲什麼？

　　那是因爲他們缺乏深刻的內在平靜，那種能終生伴隨著他們的行動，永遠不會喪失的平靜。我們的力量並非在於武器、金錢或武力，而在於內在的平靜。這份平靜使我們堅不可摧。在關心那些我們所愛和想要保護的

人時，我們必須擁有平靜的心靈。

我在許許多多人身上發現這份平靜，他們將畢生大部分時間和精力都用於照顧弱勢者，在人間處處澆灌慈悲和理解的大樹。他們各有不同的宗教和文化背景。我不知道他們如何獲致內在的平靜，但是我在他們身上見到這份平靜的光芒。

你如果仔細觀察，我相信你必然也能看出這個特質。這份平靜不會將你和世界隔開，相反地，它會帶領你進入世界，並賦予你力量去承擔想要致力的一切事情——為了追求社會公義、拉近貧富差距、停止武力競爭、對抗歧視而奮鬥，在人間播下更多互相了解、和諧與慈悲的種子。

不論為什麼目標而奮鬥，都需要決心和耐心。如果缺少內在的平靜，這份決心遲早會潰散。那些以致力社會運動為職志的人，尤其需要在日常生活中時時刻刻修習正念。

慈悲的人會在眾生身上看見自己

平靜和慈悲總是伴隨著理解和無分別。當我們起分別心時，就會帶著批判的眼光面對事物。如果以慈悲之

當我們見到某人能夠以慈悲之眼看待眾生時，就明白他們是觀世音菩薩的示現。

眼看待世情，就能清楚地看到萬物的實相。

慈悲的人會在眾生身上看見自己。

如果能夠從不同的觀點來看待實相，就能克服各種有所分別的成見，並在面對任何情境時，都能表現慈悲的作爲。這才是「和解」最重要的內涵。

所謂和解，並非表示簽定口是心非和殘酷不仁的協定。和解反對任何形式的野心，不偏袒任何一方。大部分的人在遭遇衝突時都會想採取立場。我們根據所接收到各種以偏概全的證據，或是宣傳口號和道聽塗說來分辨對錯。爲了採取行動，我們需要憤慨，但是單憑憤慨是不夠的，即使是正義或合法的憤慨。

這個世界不乏願意獻身於行動的人，但是我們需要的卻是有能力去愛的人，他們沒有偏見，願意如母鴨展開雙翅擁抱小鴨般去擁抱實相的全貌。

禪觀萬物相互依存、相互緣起，是得到這種證悟的一種方法。當我們達到這個境界，分別心即消失，實相也不再被概念化的利劍切割得支離破碎。善與惡之間的界線就會泯除，手段與目的也會合而爲一了。

我們必須不斷禪觀，直到能把那些在烏干達或衣索比亞因飢荒而骨瘦如柴的孩童，視同自己的親生孩子，能夠視眾生的飢餓與病痛如同己受。到那時，我們才能

實現無分別、實現眞正的愛。

《法華經》② 說，觀世音菩薩具有以慈悲之眼觀看眾生的能力。因此，當我們見到某人能夠以慈悲之眼看待眾生時，就明白他們是觀世音菩薩的示現。

當我們禪觀第一聖諦（苦諦）③ 時，觀世音菩薩就在我們身上顯現。當我們祈求觀音菩薩救苦救難，甚至在開口祈求前，觀世音菩薩就已經現前。

凝視你的手，就能契入無始無終的實相

我有位藝術家朋友已經遠離家鄉近四十年。他告訴我，每當他想念母親時，就會看著自己的手，這樣心情就會好一些。

他母親是個傳統越南婦女，只認識幾個中國字，從來沒學過西方哲學或科學。在他離開越南前，母親拉著他的手告訴他：「我的孩子，當你想念我時，記得看著自己的手，你就會馬上看見我。」

這些簡單而眞誠的話語是多麼有力呀！這四十年來，他已經無數次地凝視著自己的手了。

他與母親之間的連繫，並不只表現在遺傳上的神似，她的精神、希望和生命也在他身上顯現。我知道這

這個世界不乏願意獻身於行動的人，但是我們需要的卻是有能力去愛的人，他們沒有偏見，願意如母鴨展開雙翅擁抱小鴨般去擁抱實相的全貌。

位朋友在禪修，但不知他是否選擇「凝視你自己的手」來做爲參公案的主題。

禪觀這個主題能讓他的修行提升不少。他能經由凝視自己的手，深刻融入無始無終的實相。他將能看清自己生前與死後的千萬世代，實際上都是他自己。回溯無法記憶的遠古直到現在，他的生命從未中斷過，他的手也一直在那兒，是一個無始無終的實相。

他能夠認出自己五億年前和五億年後的「真實面貌」。他不僅沿著時間之流的生命進化樹開枝散葉，還存在於萬物相互依存的複雜關係網絡中。因此，他身體裡的每個細胞也都跟他一樣，從生死的束縛中解脫。

在這個例子裡，參詳「凝視你自己的手」這則公案，就會比白隱禪師提出「隻手之聲」④的公案，更能有深刻的體悟。

去年夏天，姪女從美國來探訪我，我給她「凝視你的手」當做禪宗公案讓她參究，並且告訴她，在道場旁山丘上的每一顆小卵石、每一片葉子、每一隻毛蟲，都會呈現在她手中。

生與死不過是想像出來的東西，沒有什麼了不得的

幾年前，有個親政府的團體在胡志明市散播謠言，說我已經死於心臟病。這個消息在越南引發一陣混亂。有位比丘尼寫信告訴我，當消息傳到她的村莊時，她正在給一群見習沙彌尼上課，頓時整個教室的氣氛非常沈重，有位沙彌尼還昏倒了。

我因為參與和平運動而流亡海外二十多年，並不認識這位尼師或目前當代的越南比丘或比丘尼。然而，生與死不過是想像出來的東西，沒有什麼了不得的，你為何要哭泣呢，我的姊妹？

你正在研習佛法，做我正在做的事呀，所以，如果你存在的話，那麼我也存在。凡是不存在的事物就無法存在，而存在的也不可能停止存在。你了悟這層道理了嗎，我的姊妹？

如果我們無法使微塵從「存在」變成「不存在」的過程，又怎麼可能使一個人由存在變成不存在呢？世上有許多人為了爭取和平、人權、自由和社會公義而被殺害，但是沒有人能夠摧毀他們，他們依然長存人間。

我的姊妹，難道你認為耶穌基督、甘地 ⑤、拉馬布拉克 ⑥ 和金恩 ⑦ 是「死去的人」嗎？

他能經由凝視自己的手，深刻融入無始無終的實相。他將能看清自己生前與死後的千萬世代，實際上都是他自己。

不,他們依舊活在世間。我們就是他們。我們身上的每個細胞都承載著他們。

如果你再聽到這類新聞,請一笑置之。安詳的微笑將證明你已獲得不凡的領悟和勇氣。佛法與全人類都期盼這會心的微笑。

當你呼吸的時候,也是為所有的人呼吸

我有位從事研究的科學家朋友,目前正指導許多博士班候選人做研究論文。他希望做任何事都能以科學的方式進行,但他又是一個詩人,結果他經常就不是那麼「科學」。

去年冬天,他經歷了一場巨大的精神危機。我聽說之後,就送了他一幅畫,那是在平緩如鏡的水面上捲起一片波浪。在這幅畫下面,我寫道:「波浪永遠是波浪,但是同時也是水的一部分。當你呼吸的時候,也是為所有的人呼吸。」

當我寫下這些句子時,我與他一塊兒泅泳,幫助他度過生命中艱困的時刻;值得慶幸的是,那句子幫助了我們兩個人。

大部分的人把自己視為起伏的波浪,而忘記他們同

時也是水。他們習慣於活在生死流轉之中，而忘記了生命的不生不滅。波浪同時也是水的一部分，我們也同樣過著不生不滅的生活。我們只需要知曉自己過著不生不滅的生活就可以了。

一切盡在「知曉」這個字。知曉即是了悟。了悟即是正念。

禪修所做的一切努力皆在喚醒我們，讓我們明白唯一重要的是：生死永遠無法以任何方式觸碰我們。

注釋

① 在生物學上的基本分類層級是：界、門、綱、目、科、屬、種。

② 《法華經》（*Lotus Sutra*）：全名《妙法蓮華經》，大乘佛教經典之一，共有二十八品。妙法，意為所說教法微妙無上；蓮華經，比喻經典的潔白完美。

③ 四聖諦即苦、集、滅、道，又稱四諦或四真諦。大體上，四諦是佛教用以解釋宇宙現象的「十二緣起說」的歸納，是原始佛教教義的大綱，乃佛陀最初的說法內容。苦諦即關於生死實是苦的真諦；集諦即關於世間人生諸苦的生起及其根源的真諦；滅諦即關於滅盡苦、集的真諦；道諦即關於八正道的真諦。

④ 隻手之聲：又作「隻手音聲」，是日本臨濟宗白隱禪師所創的公案。兩掌相拍，自然發聲，為感官上的耳朵所能聽聞；如果只舉起一隻手，無聲無響，若非跳脫感官層次，以「心耳」來感悟，不可得聞其中的意涵。白隱禪師以之引導參禪者遠離感官上的見聞覺知，不以思量分別而影響心靈純淨的感知，直入無分別的心境。

⑤ 甘地（Mahatma Gandhi, 1869～1948）：印度民族獨立運動的著名領導人。印度人尊稱他為「瑪哈特瑪」（Mahatma），意為「偉大的魂」，通常譯為「聖雄」。他在英國統治印度期間，發起以和平方式進行的「不合作運動」（Non Cooperation Movement），以和平的方式對抗英國的殖民政策，受到廣大的響應。甘地在 1948 年遭到

極端份子的暗殺。

⑥ 拉馬布拉克（Grigoris Lambrakis）：希臘自由主義者、和平運動改革家，在 1963 年被官方雇用的刺客所殺。

⑦ 金恩（1929～1968）：美國黑人民權領袖。1963 年，金恩博士在華盛頓林肯紀念館前廣場聚集了二十五萬名群眾，並發表他著名的演說：「我有一個夢」（I have a dream），這次集會所產生的輿論壓力，終於迫使美國國會在翌年通過民權法案，宣布種族隔離和歧視政策為非法。1964 年獲得諾貝爾和平獎，1968 年遭到槍殺。

善知識系列 JB0014Y　觀照的奇蹟
The Sun My Heart—From Mindfulness to Insight Contemplation

作　　　者／一行禪師（Thich Nhat Hanh）
譯　　　者／周和君
編　　　輯／徐煖宜
封 面 設 計／兩棵酸梅
內 文 排 版／中原造像股份有限公司
業　　　務／顏宏紋
印　　　刷／中原造像股份有限公司

發 行 人／何飛鵬
事業群總經理／謝至平
總 編 輯／張嘉芳
出　　　版／橡樹林文化
　　　　　　城邦文化事業股份有限公司
　　　　　　115 台北市南港區昆陽街 16 號 4 樓
　　　　　　電話：（02）2500-0888　傳眞：（02）2500-1951
發　　　行／英屬蓋曼群島商家庭傳媒股份有限公司城邦分公司
　　　　　　115 台北市南港區昆陽街 16 號 8 樓
　　　　　　客服服務專線：（02）25007718；25007719
　　　　　　24 小時傳眞專線：（02）25001990；25001991
　　　　　　服務時間：週一至週五上午 09:30 ～ 12:00；下午 13:30 ～ 17:00
　　　　　　劃撥帳號：19863813　戶名：書虫股份有限公司
　　　　　　讀者服務信箱：service@readingclub.com.tw
香港發行所／城邦（香港）出版集團有限公司
　　　　　　香港九龍土瓜灣土瓜灣道 86 號順聯工業大廈 6 樓 A 室
　　　　　　電話：（852）25086231　傳眞：（852）25789337
　　　　　　E-mail: hkcite@biznetvigator.com
馬新發行所／城邦（馬新）出版集團【Cité (M) Sdn.Bhd. (458372 U)】
　　　　　　41, Jalan Radin Anum, Bandar Baru Sri Petaling,
　　　　　　57000 Kuala Lumpur, Malaysia.
　　　　　　電話：（603）90563833　傳眞：（603）90576622
　　　　　　Email：services@cite.my

初版一刷／2004 年 06 月
三版一刷／2024 年 03 月
ISBN ／ 978-626-7219-93-5
定價／ 300 元　HK$100

城邦讀書花園
www.cite.com.tw

國家圖書館出版品預行編目資料

觀照的奇蹟：一本教你如何正念覺照，創造自由心境的實修手
 冊／一行禪師（Thich Nhat Hanh）著；周和君譯 . -- 三版 ,
 -- 臺北市：橡樹林文化，城邦文化事業股份有限公司出版：
 英屬蓋曼群島商家庭傳媒股份有限公司
 城邦分公司發行，2024.03
  面；　公分 . --（善知識系列：JB0014Y）
 譯自：The sun my heart: from mindfulness to insight
   contemplation
 ISBN 978-626-7219-93-5（平裝）

 1.CST：佛教修持

225.7   112022327